知っていると
きっと料理がうまくなる

クッキングクイズ105

朝倉 貞子 著

黎明書房

はじめに

健全な食生活は、生きるための基本です。ましてや、成長期にある子どもたちにとっては、欠くことのできないものです。子どもたちはいつか、学校を卒業し、親元を離れて、独自に生活を営んでいかなければなりませんが、健全な食生活をつくるうえで必要な知識や技術は、一朝一夕で身につくものではありません。日頃から、学校での調理実習や、家庭での食事の支度などを通して、少しずつ教えていきたいものです。

本書では、食物のもつ栄養、定番料理の手順、簡単なおやつの作り方、保存の仕方などについて、クイズ形式で紹介しています。ぜひ知っておきたいごく基本的なことや、意外に知られていないコツなど、料理について幅広く、しかも役立つ内容を盛り込みました。既刊の『知っているときっと役に立つ食べ物クイズ110』とあわせて、学校や家庭でクイズを出し合って、楽しみながら、役立つ知識を身につけてください。

食生活が多様化し、食育について関心が高まっている中、学校や地域、家庭で現在の食文化を見詰め直し、学ぶためのひとつのきっかけになれば幸いです。子どもたちが豊かな食文化を理解し、育み、さらに次の世代へ伝えてくれることを願っています。

二〇〇四年八月

朝倉貞子

もくじ

◆ごはん

もくじ

◆パン・麺

もくじ

◆炒める

もくじ

◆スープ

◆下ごしらえ

もくじ

◆温度

参考文献

生活文化編集部『クッキング基本大百科』集英社
奥田拓造・水沼俊英監修『クスリになる食べ物百科』主婦と生活社
婦人之友社編集部編『魔法使いの台所』婦人之友社
道場六三郎『〝鉄人〟道場六三郎の味の極意を教えよう』（21世紀ブックス）主婦と生活社
中村壽美子『手づくりのちから』はまの出版

ごはん

1 「ごはん」おいしく炊くポイントは

味と香り、ふっくらしたかみごたえはおいしいごはんの決め手です。では、おいしく炊《た》くポイントは何でしょうか。

① 十分な吸水時間。

② 火加減。

③ 最高級のブランド米。

■米がごはんになるには、十分な水と熱が必要です。米が芯《しん》まで水を吸うと、熱によってβ《ベータ》澱粉《でんぷん》が残らずα《アルファ》澱粉に変化（糊化《こか》）して芯のないごはんになります。米が芯まで水を吸いこむ（吸水）時間は、夏でも三〇分以上、冬は二時間半が目安です。それ以上長くつけてもほとんどかわらないので前夜から準備できます。急ぐ時はぬるま湯を使いましょう。

答え…①

2 ●●● 「七草がゆ」七草を入れるタイミングは

正月七日は家族の一年の無病息災《むびょうそくさい》を願って七草《ななくさ》がゆを作りますね。では、七草の色や香りを生かすには、いつ七草を入れるとよいでしょうか。

① ゆでて、盛りつけた上に散らす。

② はじめからいれてコトコト煮《に》る。

③ できあがり直前にいれる。

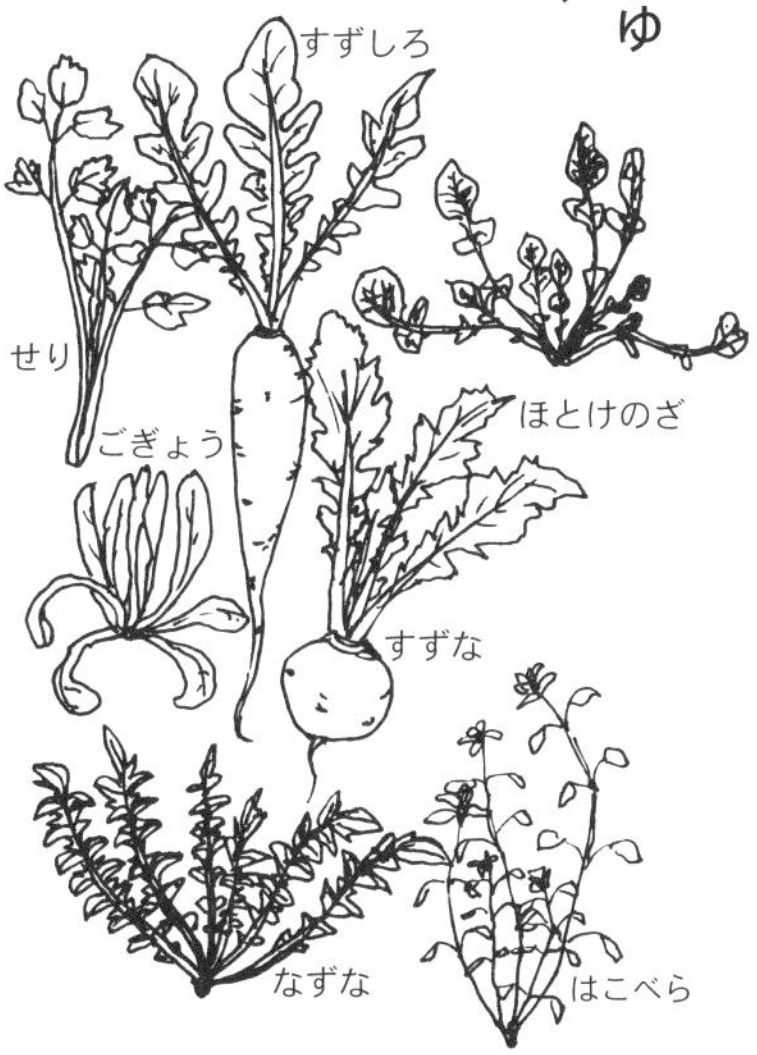

■七草は、せり、なずな、ごぎょう、はこべら、ほとけのざ、すずな、すずしろです。どれも淡《あわ》い緑でとてもやわらかです。この色とほのかな香りを生かすには、できあがり直前に入れてさっとひとまぜします。かゆは、米の七~八倍の水を三〇分以上吸水させ、沸騰《ふっとう》したら弱火で四〇~五〇分ゆっくり炊きます。炊きあがったら塩味をつけてきざんだ七草をいれます。

答え…③

③ ●●● 「あずきごはん」あずきのアクぬきは

あずきは玄米《げんまい》に近い量のビタミンB_1を含みます。炊飯器《すいはんき》であずきごはんを作りましょう。さてあずきのアクぬきの方法はどれがよいでしょうか。

① 水につける。
② 湯に浸す。
③ ゆでこぼす。（ゆで汁を捨てること）

■あずきの皮に含まれるサポニンは、コレステロールや中性脂肪値《ちゅうせいしぼうち》を下げます。利尿作用《りにょうさよう》や便秘《べんぴ》解消にも役立ちます。米と炊くと、アミノ酸のバランスもよくなります。さて、あずきは水に浸しておくと皮がさけるので、洗ったらすぐひたひたの水で二〜三分ゆでて、ゆで汁（アク）を捨てます。米と一緒に吸水させ、塩少々を加えて炊《た》きましょう。

答え…③

4 「大豆ごはん」大豆と一緒に入れられるのはどれ

大豆ごはんを炊飯器《すいはんき》で炊《た》いてみましょう。では、一緒に入れられるのはどれでしょうか。

① **もち粟《あわ》やもちきび。**
② **ひじき、油あげ。**
③ **いも類。**

■大豆はもどすのも煮《に》るのも時間がかかります。そこで、フライパンでカリッと炒《い》ります。大豆ごはんは、普通に水かげんをして、炒った大豆を加え吸水させます。もちあわや、もちきびを加えるとおこわと同じようなもちもちした食感になります。いも類を入れるのもよいでしょう。そのときは、塩少々を加えます。大豆は記憶力が増し、老化防止に役立ちます。

答え…①、②、③

5 「黒豆ごはん」黒豆の入れ方は

黒豆に含まれる紫色のアントシアニンは血圧を下げ、疲労回復に効果があります。でも、黒豆は煮《に》るのに時間がかかります。さて、どうすればよいでしょうか。

① 前の日から水につけておく。
② 炒《い》り豆にしておく。
③ 熱湯に三〇分つける。

■黒豆は大豆の一種で正式には黒大豆です。黒豆五〇グラムを一リットルの水に六時間ひたし、二〇分程煮てそのまま冷ました煮汁《にじる》を飲み続けると、血液がさらさらになり、血圧が下がるといわれています。手軽に炊《た》くには黒豆を皮が二～三ミリ裂《さ》けるくらい炒り、大さじ一～二杯を米に入れて炊き込みます。アントシアンの色でピンクに染まったご飯が炊けます。黒豆は炒ってビンなどに保存しておくといつでも使えます。

答え…②

6 「炊きこみごはん」水かげんを少なくするのは

炊きこみごはんをほっくりおいしく炊きましょう。では、水かげんを普通より少なめにするのはどれでしょうか。

① **サツマイモごはん。**
② **グリンピースごはん。**
③ **大根めし。**
④ **深川めし（アサリ入り）。**

■サツマイモやグリンピースは、自身の水分だけで煮えるので水かげんは米に合わせます。ダイコンや貝は、八〇～九〇パーセントの水分を含み、煮ると水分が外へ流れ出す性質があるので、その分だけ水を少なくしましょう。しょう油、酒、ケチャップなどの液体調味料は、水と考えてその分水を少なくするとおいしくできます。

答え…③、④

7 「タンポポごはん」ほんのり黄色の正体はなに

タンポポごはんは、ほんのり黄色です。さて、黄色の正体は何でしょうか。

① タンポポの花。
② 粟《あわ》。
③ きび。

■タンポポごはんは、タンポポの花を加えて炊くわけではありません。粟ときびは五穀《ごこく》の一つで薄い黄色の実です。白米に二割ほど粟またはきびを加えて炊くと、白米だけのごはんよりしっとりとしたタンポポ色のごはんができます。粟ときびに含まれるでんぷんのアミロペクチンは加熱すると水分を集め、さめても水分を離さないのでもちもち感が長く残ります。粟もきびも「うるち」と「もち」の二つのタイプがありますがどちらもご飯に入れられます。

答え…②、③

8 「米」洗い方のちがいは

米は精米のしかたで大きく四つに分けられます。さて、①〜④に合った洗い方をⒶ〜Ⓓから選び、線でつなぎましょう。

① **玄米《げんまい》。**
② **白米。**
③ **無洗米。**
④ **胚芽米《はいがまい》。**

Ⓐ **洗わない。**
Ⓑ **軽く流す。**
Ⓒ **普通に洗う。**
Ⓓ **手早く研《と》ぐ。**

■玄米にはヌカ層や胚芽が残っていて、ビタミンB_1、食物繊維《せんい》、鉄、リン、脂質《ししつ》など不足しがちな栄養素が豊富に含まれています。強く洗うと栄養素が流れてしまいます。胚芽米は胚芽が取れやすいので水につけて流すだけにしましょう。どの米も最初の水を多くしてさっとかきまぜ、肌ヌカが米にしみないうちに流すのがコツです。無洗米は洗わずに吸水させます。

答え…①－Ⓒ、②－Ⓓ、③－Ⓐ、④－Ⓑ

9 「うなぎずし」かば焼きを使うと

うなぎは目や体の疲れをとりのぞく食べ物です。かば焼きを使ってすしを作りましょう。さて、かば焼きをどうするとよいでしょう。

① 蒸し焼きにする。

② 電子レンジで熱くする。

③ 網《あみ》で焼く。

■手早く作るにはかば焼きにラップをして電子レンジで温《あたた》めますが、ふっくら香ばしくするには蒸し焼きにします。作り方は、フライパンに重ならないようにかば焼きを並べて酒をふりかけ、ふたをして焼きます。こげやすいので弱火にしましょう。これを食べやすく切って、たれと一緒《いっしょ》にすしめしにまぜると完成です。炒《い》りたての白ごまやあさつきをふりましょう。

答え…①、②

10 「おかゆ」呼び名と水の割合は

おかゆがおいしく炊《た》けたらキッチンチャンピオンです。では、おかゆの名前と米と水の割り合いを線で結びましょう。

① 全がゆ。　Ⓐ 米一カップに水一〇カップ。
② 七分がゆ。　Ⓑ 米一カップに水五カップ。
③ 五分がゆ。　Ⓒ 米一カップに水七カップ。
④ 三分がゆ。　Ⓓ 米一カップに水一五カップ。

■おかゆの濃さは、米に加える水の量できまります。一番濃いのが全がゆで、一番薄いのが三分がゆです。普通におかゆというと全がゆか、七分がゆをさします。おかゆは米のわりに水が多いので、強火で炊くと中の米がおどりあがって表面がくずれてドロドロになります。また、ふきこぼれるとうまみを失います。おいしく炊けるのは、ゆっくり温まって、冷めにくい土鍋《どなべ》です。

答え…①―Ⓑ、②―Ⓒ、③―Ⓐ、④―Ⓓ

11 「ごはん」おいしい保存方法は

ごはんは冷めるとポロポロになりますね。さて、ポロポロにならない保存法はどれでしょうか。

①　冷蔵庫に入れる。
②　冷凍庫《れいとうこ》に入れる。
③　釜《かま》のままおく。

■おいしく炊《た》けたごはんも時間がたつにつれて粘《ねば》りや弾力《だんりょく》がなくなります。米の澱粉《でんぷん》の老化が進むのです。澱粉の老化は水分量六〇パーセント前後で、温度が低いほど早く進むので、冷蔵庫に入れたごはんが最も早く老化します。老化を防ぐには、水分量を一〇パーセント以下にし、空気に触れないようにします。冷凍すると水分が凍《こお》り、空気が絶たれるので味がおちません。けれども二～三日中には食べましょう。

答え…②

12　「あずきがゆ」甘納豆で作る方法は

正月一五日にあずきがゆを食べる風習は、平安時代から続いています。では、甘納豆で簡単に作る方法はどれでしょうか。

① 米といっしょに炊く。
② できあがりにまぜる。
③ 盛りつけた上にかける。

■あずきの赤は生命力を強くすると信じられており、祝いごとの席でよく食べます。正月一五日を小正月《こしょうがつ》としてあずきがゆを食べる習慣は中国から伝わりました。昔、江戸では、あずきがゆに砂糖をかけるのがぜいたくな食べ方でした。そこで、甘納豆の砂糖をさっと洗い流して七分がゆのできあがりにまぜてみましょう。甘いのが嫌いな人は缶詰のゆであずき（粒）でもOKです。

答え…②、③

13 「チャーハン」残りごはんでおいしく作るカギは

残りごはんでサッサッとおいしいチャーハンを作りたいですね。さて、成功のカギは何でしょうか。

① 冷たいごはんで作る。
② ごはんを洗って作る。
③ ごはんを熱くして作る。

■残りごはんは、電子レンジで熱くして使うのがコツです。ごはんをラップなしで熱くすると水分が蒸発《じょうはつ》してごはんの粒《つぶ》がふくらみ、ほぐれやすくなります。このごはんを炒《いた》めた具に入れ、さっと広げて具となじませ、パラパラに仕上げましょう。一度に作る量は二人分までにするとベタつきません。いろいろな具で作れますが、水分を少なくするのがコツです。

答え…③

14 「パエリア」サフランの適量はどれくらい

パエリアはスペインを代表するお米料理です。学校給食でもおなじみになりました。さて、パエリアにはサフランを使いますが、どれくらい使うとよいのでしょうか。

① 多いほどよい。
② 米三合に大さじ一杯ぐらい。
③ 米三合にひとつまみ。

■サフランの花のめしべを乾《かわ》かして使います。一つの花に三本しかないめしべを集めるのでとても高価です。水につけると黄色に染まって独特の香りを放ちます。パエリアは、野菜と米をすき通るまでオリーブ油で炒《いた》め、米と同量の水（サフランを浸した液と調味料）にシーフードを加えて炊きます。サフランは入れすぎると薬臭くなるので、少量にします。

答え…③

15

「点心」蒸しはじめるタイミングは

点心などの蒸し料理は、芯《しん》まで蒸気と熱が伝わると香りよくふっくらとできます。では、蒸しはじめるタイミングはいつでしょうか。

① **水から。**
② **蒸気が立ちはじめたら。**
③ **蒸気がよくあがってから。**

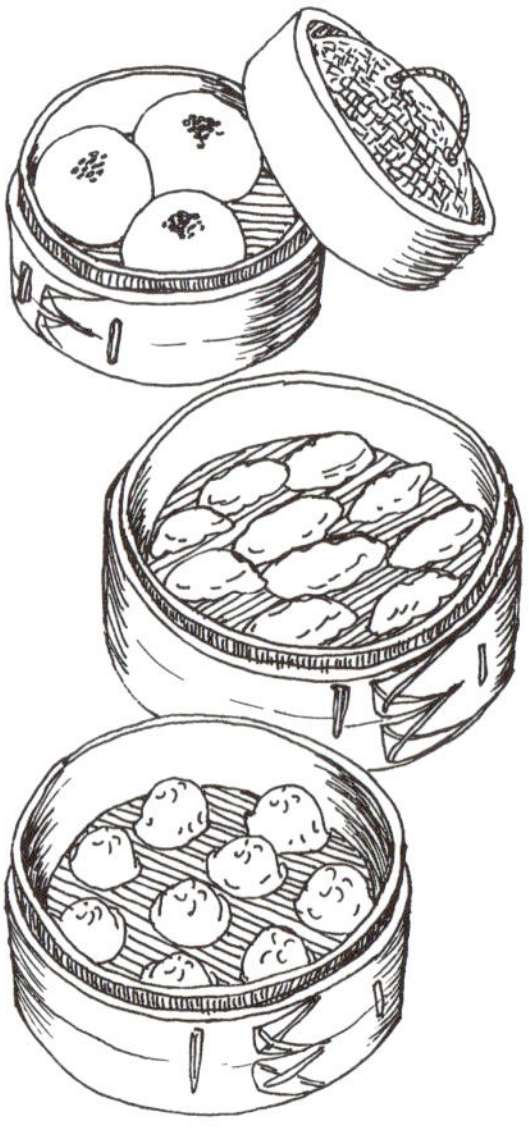

■電子レンジ加熱が早くて簡単ですが、ジューシーに仕上がるのは蒸し器です。鍋《なべ》の湯が十分沸騰《ふっとう》したら点心を並べたせいろ（蒸し器の上段）を鍋にのせます。蒸気が立ちはじめる六〇度では、点心の表面で蒸気が冷えてうまみを流したりベタついたりします。ふたは水滴が落ちないように、ふきんで包みます。蒸している間は温度が下がらないようにします。

答え…③

16 「お弁当」十番勝負（○×クイズ）

① ごはんもおかずも熱くしてつめる。（　）

② お弁当箱は酢《す》でふく。（　）

③ 汁の出そうなおかずの横に麩《ふ》やとろろこんぶをいれる。（　）

④ 寒い冬は、牛肉のソテーがよい。（　）

⑤ 夏のサンドイッチは冷凍《れいとう》して持つ。（　）

① （×）ゆっくり冷める間に細菌がふえるので冷まして入れる。

② （○）くさりにくく、ごはん粒が弁当箱につきにくい。

③ （○）乾《かわ》いたまま入れると汁を吸う。おかずにもなる。

④ （×）脂肪《しぼう》が冷えてかたまり、見かけも味もよくない。

⑤ （○）昼ごろ解凍されて、ひんやりおいしい。

⑥ タラコやイワシの丸干しは、焼かずにゆでる。 （　）

⑦ 肉は、前の晩から下味をつける。 （　）

⑧ 焼き魚は、前の晩に煮《に》ておき、朝焼く。 （　）

⑨ スパゲティはカロリーが高く、お弁当によい。 （　）

⑩ 甘い煮豆や卵焼きはさける。 （　）

⑥（○）ゆでる方が塩分がぬけて、しっとりして食べやすい。

⑦（○）下味をつけて冷蔵庫に保存。半調理しておくとあわてずにすむ。

⑧（○）火が通っているので安心。焼くと香ばしくなり、臭いも汁気もとぶ。

⑨（×）時間がたつとゆですぎの状態になる。おかずの色どり程度にしたい。

⑩（×）糖分は脳や筋肉の疲れをとる。お弁当によいおかず。

17 「サンドウイッチ」欠かせないものは

朝食に、お弁当に具だくさんの手作りサンドウイッチはうれしいですね。さて、サンドウイッチになくてはならないものは何でしょうか。

① **野菜。**
② **洋がらし。**
③ **バター。**

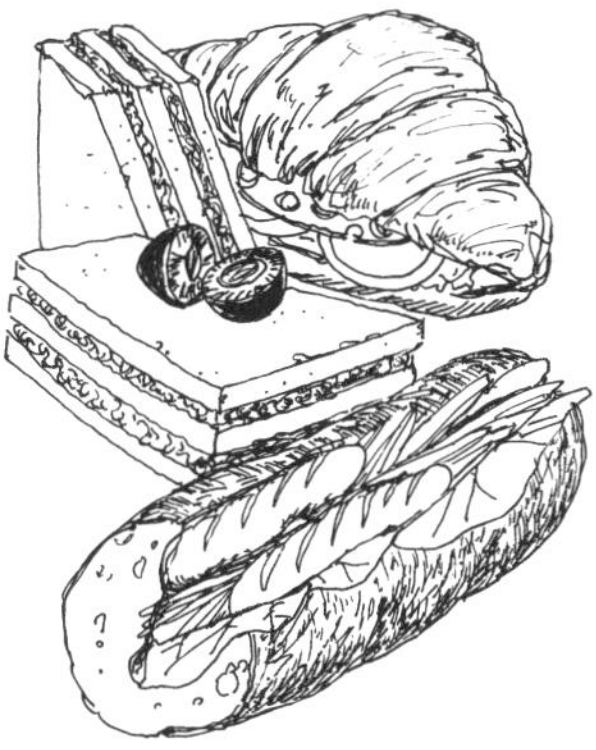

■サンドウイッチに欠かせないのはバターです。パンに直接具をはさむと具の水分はパンに吸われて味がぬけ、パンは具の水分でグチャグチャになります。バターは、パンと具の味を保たせながら接着剤の役目と風味を増すはたらきをしています。バターは室温でやわらかくし、まんべんなくぬりましょう。バタークリームも防水効果がありますが、マヨネーズにはありません。

答え…③

18 ●●● 「フレンチトースト」ふっくら焼くコツは

キツネ色で外はパリッ、中はふんわりのフレンチトースト。では、そのコツは何でしょうか。

① 卵液に砂糖を多く入れる。
② 卵液をパンによくしみこませる。
③ 焼く途中でヘラでおさえ反発力をつける。

■フレンチトーストはかたくなったパンをよみがえらせる食べ方です。卵液の目安は、六枚切り食パン二枚につき、卵一こ、牛乳一〇〇cc、砂糖大さじ一です。ヨーグルトを加えるとさわやかな味になります。泡立て器でまぜてパンに十分しみこませます。バター大さじ二をとかしたフライパンで中火か弱火で焼きます。シナモン、ココアの粉などをかけてどうぞ。

答え…②

19 「クロックムッシューとクロックマダム」目玉焼きをのせるのは

二つともフランス生まれのサンドイッチです。よく似た名前ですが、目玉焼きをのせるのはどれでしょうか。

① **クロックムッシュー。**
② **クロックマダム。**
③ **両方とも。**

■クロックは「かりかりした」という意味です。クロックムッシューは一九一〇年、パリのオペラ座近くのカフェで生まれました。後にこれに目玉焼きをのせたクロックマダムができました。パンにグリュイエールチーズとハムをはさみ、サンド用ホットプレートでカリッと焼きあげます。クロックマダムはナイフとフォークで半熟の卵をからめながら食べます。

答え…②

20 「スパゲティ」どんなソースがあるの

①〜⑤は代表的なスパゲティメニューです。さて、ソースはどれでしょうか。

① ボンゴレロッソ。
② カルボナーラ。
③ ボロネーゼ。
④ アマトリチャーナ。
⑤ アーリオ・オーリオ・エ・ペペロンチーノ。

Ⓐ ニンニク、唐辛子《とうがらし》、イタリアンパセリをなじませたオリーブ油であえる。
Ⓑ 殻つきアサリとニンニクを白ワインで蒸し、トマトソースであえる。
Ⓒ 卵、パルメザンチーズ、パンチェッタを炒め、黒胡椒《こしょう》をまぜてあえる。
Ⓓ 牛ひき肉、香味野菜を炒め、赤ワイン、トマトで煮込んだソースをかける。
Ⓔ 玉ねぎ、パンチェッタ、唐辛子を炒め、トマトで煮こんだソースであえる。

■スパゲティメニューとソースを覚えていろいろ試してみましょう。スパゲティの基本のゆで方は、中心に針先程度の芯《しん》を残すアルデンテです。かみごたえを出して小麦のうまみを味わうためです。ゆでるときには、湯一リットルあたり塩大さじ一とサラダ油少々を加え、スパゲティの塩気がぬけないようにしましょう。ソースを作ってからゆでましょう。

答え…①—Ⓑ、②—Ⓒ、③—Ⓓ、④—Ⓔ、⑤—Ⓐ

21 「ジャガイモのニョッキ」まぜる粉はどれ

ニョッキは、イタリアで生まれた手打ちパスタの一種です。カボチャやサツマイモ、ジャガイモなどをつぶして作ります。では、粉はどれがよいでしょうか。

① **セモリナ粉。**
② **強力粉。**
③ **薄力粉。**

■薄力粉を使います。まずジャガイモを皮つきのままゆでて、熱いうちに皮をむき、すぐつぶします。冷めてきたら粉を少しずつ入れてまとめます。これを棒状にして一口大に切り、切り口を上にしてポンとおさえ、フォークで筋目を入れます。たっぷりの熱湯で浮きあがるまでゆでて引きあげます。ソースであえたり、スープに入れたり、グラタンなどに。

答え…③

22 ●●● 「ピザ」しょうゆとのりが合うのは

ピザはイタリア料理で、生地にチーズ、トマト、バジルをのせて焼く「マルゲリータ」が最初といわれます。では、しょうゆとのりが合うピザはどれでしょうか。

① バゲットピザ。（フランスパンをぶつ切りにして、さらに横に半分に切り、船型にする）
② モチピザ。（お餅《もち》をさいの目に切って並べる）
③ ライスピザ。（ごはんに小麦をまぶして平らにのばす）
④ パリパリピザ。（強力粉、塩、オリーブ油、牛乳をこねて平らにのばす）

■お餅とライスピザには、しょうゆ、のり、チーズがよく合います。バゲットピザは、フランスパン（食パン）にオリーブ油をぬり、パイナップル缶、トマト、チーズなどをのせて焼きます。パリパリピザは、強力粉、塩、オリーブ油、牛乳をまぜてこね、ラップをして一時間ほどねかせ、一ミリ厚さに広げてピザソース、具、チーズなどをのせて焼くピザです。

答え…②、③

23 「焼きそば」ワールド版焼きそばに合うソースは

お祭りの焼きそばに負けない、自分流のワールド版焼きそばを作りましょう。では、味の決め手となるソースはどれでしょうか。

① **インド風。**
② **エスニック風。**
③ **イタリア風。**

Ⓐ **ケチャップ。**
Ⓑ **カレー粉。**
Ⓒ **豆板醤《とうばんじゃん》。**

■ソースは多すぎないように注意して最後に加えましょう。イタリア風は、オリーブ油、タラコ、ニンニク、唐辛《とうがら》子《し》など、韓国《かんこく》風はキムチ、ニラ、ニンニクを加えてみましょう。麺《めん》をパリッとさせたい場合は、麺と具を別々に炒《いた》めます。フライパンにおしつけるように揚《あ》げ焼くと更にパリッとします。野菜は細切りにすると火が通りやすく麺と馴染《なじ》みます。

答え…①—Ⓑ、②—Ⓒ、③—Ⓐ

24 「うどん」メニューに合うのはどれ

市販《しはん》の麺《めん》は大きく分けると四種類になります。さて、①～④のさまざまなうどんに合うめんはどれでしょうか。

① 釜《かま》あげうどん。
② ざるうどん。
③ 焼きうどん。
④ カレーうどん。

Ⓐ 生麺《なまめん》。
Ⓑ ゆで麺《めん》。
Ⓒ 乾麺《かんめん》。
Ⓓ 冷凍麺《れいとうめん》。

■釜あげうどんには、打ちたての味に近い生麺を使います。表面の粉を落して多めの熱湯でゆでます。冷やして食べるざるうどんは、乾麺を使います。ゆでて冷水でしめるとつやとこしが味わえます。焼きうどんはもちもち感を大切にしたいので、ゆで麺を使います。カレーうどんは、冷凍麺が合います。冷凍麺は、熱湯の中で麺がほぐれたらゆであがりです。

答え…①—Ⓐ、②—Ⓒ、③—Ⓑ、④—Ⓓ

25 「スペース・ラム（宇宙ラーメン）」どんな形なの

Space《スペース》・Ram《ラム》と名づけられた宇宙食用の即席ラーメンがあります。さて、どんな形でしょうか。

① **カップ麺にストローがさしてある。**
② **キャラメルのように四角、外側が麺、中がスープ。**
③ **丸い麺にネバネバスープ。**

■無重力の宇宙空間では、麺もスープも勝手に飛び散ります。大切な機械《きかい》をこわしては大変ですね。そこでスープにとろみをつけ、麺を一口大の球にしました。宇宙でカップ麺を食べたいという野口飛行士の希望にこたえて、宇宙開発事業団（現、宇宙航空研究開発機構）と日清食品が共同で開発しました。みそ、しょうゆ、カレーの味があります。麺は七〇度の湯でやわらかくなります。

答え…③

26 「そうめん」氷水で洗うのはなぜ

麺《めん》類はゆでた後、冷水でもみ洗いをしますね。さて、なぜ冷たい水で洗うのでしょうか。

①　**塩分を少なくする。**
②　**表面の粘りを除く。**
③　**ゆですぎを防ぐ。**

■ゆであがった麺は、ざるにあげたままおくと余熱で糊化《こか》が進み、のびたこしのない麺になってしまいます。冷水で洗うのはゆですぎを防ぐためです。また、表面の粘り気が取れ、麺がしまるのでつるっとした口あたりになります。ゆっくり洗っていると余分な水を吸って味が悪くなるので手早く洗いましょう。中華麺やスパゲティも冷製の場合は氷水で洗います。

答え…②、③

サラダ

27 「ポテトサラダ」下味をつけるのはいつ

ポテトサラダはジャガイモ、にんじん、キュウリなどで作ります。ジャガイモの下味《したあじ》はいつつけるのでしょうか。

① **熱いうちに下味をつける。**
② **冷ましてから下味をつける。**
③ **下味のついた汁でゆでる。**

■ジャガイモは、中火で竹ぐしがスッと通るまでゆでて皮をむき、軽くつぶします。熱いうちに酢《す》、サラダ油、砂糖、塩、こしょうをまぜたドレッシングで下味をつけます。キュウリとにんじんは、二、三ミリの厚さに切ると存在感があります。キュウリは塩をふってしんなりさせ、にんじんは塩ゆでしてジャガイモと合わせ、マヨネーズでさっくりとあえましょう。

答え…①

28 「トマトサラダ」トマトを切るコツは

トマトの薄《うすぎ》切りにヨーグルトソースをかけます。では、トマトをきれいに切る方法はどれでしょうか。

① **氷水につけてから切る。**

② **湯につけてから切る。**

③ **少し凍《こお》らせてから切る。**

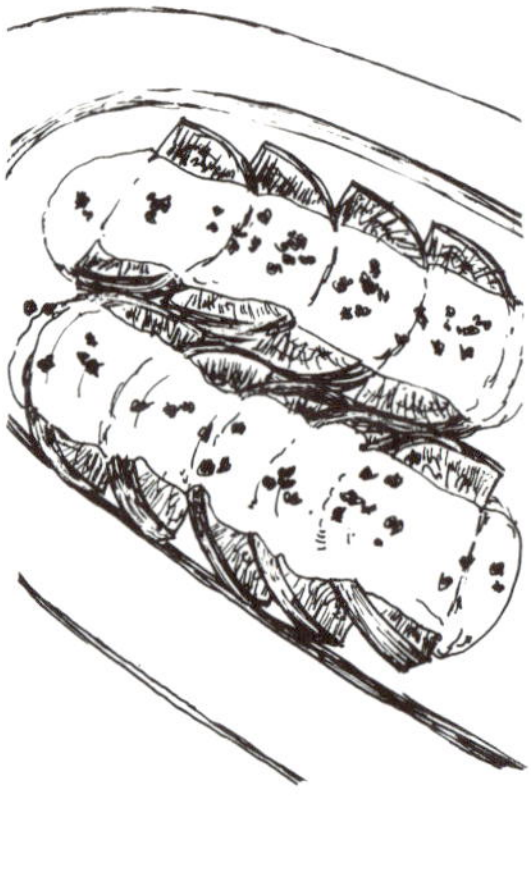

■トマトは冷凍庫《れいとうこ》で少し凍らせて切ると、薄切りも楽にできます。ソースは、マヨネーズ小さじ一、ヨーグルト大さじ一、かくし味に白みそ小さじ一の割合で合わせ、こします。塩と砂糖を少々ずつ加えて味をととのえ、冷蔵庫で冷やします。冷えすぎて固くなったときは牛乳を加えてのばしましょう。冷たい皿にトマトを並べ、ソースをかけてパセリをちらします。

答え…③

29 「イチゴのバルサミコサラダ」バルサミコ酢のもとは

バルサミコ酢《す》をかけたイチゴサラダを作ります。では、バルサミコ酢の原料は何でしょうか。

① **ブドウ果汁《かじゅう》。**
② **オレンジ果汁。**
③ **リンゴ果汁。**

■バルサミコ酢はイタリア産の醸造酢《じょうぞうす》です。ブドウ果汁を煮つめて樽《たる》につめ長期間熟成《じゅくせい》させて作ります。基準を満たしたものだけがバルサミコの名を許されます。では、サラダを作りましょう。イチゴを四等分にして上白糖《じょうはくとう》をまぶし、砂糖が完全にとけるまでおきます。皿に盛り、バルサミコ酢を適量かけ、ミントの葉を飾《かざ》って完成。バニラアイスをのせるとデザートになります。

答え…①

30 「カプレーゼサラダ」モッツァレラチーズは何から

カプレーゼは、イタリアを代表するサラダで、モッツァレラチーズとトマトのサラダです。では、モッツァレラチーズは、もともとは何から作ったのでしょうか。

① ヤギの乳。
② 牛乳。
③ 水牛の乳。

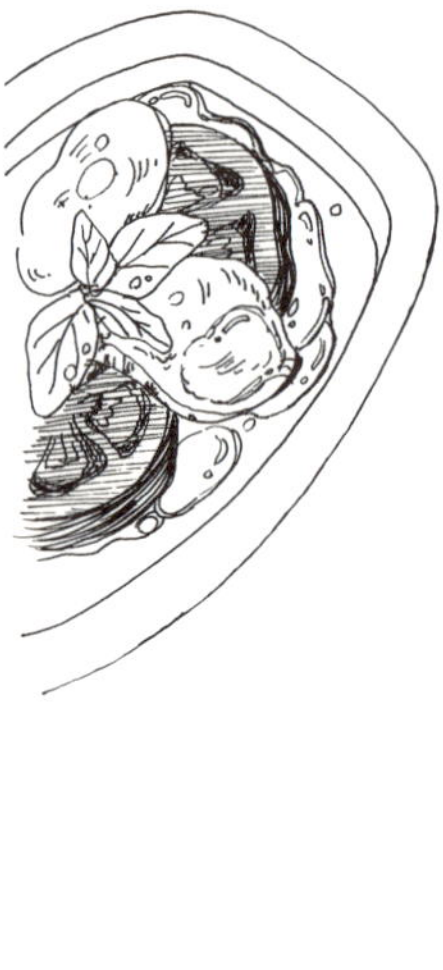

■本来は水牛の乳で作るイタリア南部発祥《はっしょう》のチーズですが、今はほとんど牛乳で作ります。生乳《なまにゅう》に乳酸菌《にゅうさんきん》や酵素《こうそ》を加えて豆腐状に固め水気をぬいたもので、ミルクの風味《ふうみ》があります。製造後二週間が賞味期限です。カプレーゼは、チーズとトマトの薄切りを、交互《こうご》に並べ塩、こしょう、オリーブ油、バジルをふります。カンパニアの町生まれの名物料理です。

答え…③

31 ●●● 「カルパッチョ風サラダ」野菜をパリパリさせるワザは

野菜と揚《あ》げたギョウザの皮、刺《さ》し身用のイカ、マグロ、エビなどを合わせたサラダを作りましょう。では、野菜をパリッとさせる方法はどれでしょうか。

① 水につける。
② 氷水につける。
③ 塩水につける。

■氷水につけるとパリッとしてうまみも残ります。水気をよくとってドレッシングをからみやすくしましょう。ギョウザの皮は一口大《ひとくちだい》にちぎってパリッと揚げ、刺し身用の魚介《ぎょかい》も合わせて盛りつけます。ドレッシングは、しょうゆ、砂糖、レモン汁、ゴマ油、バルサミコ酢《す》などを好みでまぜ合わせましょう。材料を色どりよく取り合わせて高く盛《も》りつけましょう。

答え…②

32 「煮豆」ふっくらと煮る奥の手は

あずき以外の煮豆《にまめ》はこの方法で簡単にふっくらと煮ることができます。では、奥《おく》の手は何でしょうか。

① ポットに一晩《ひとばん》以上つける。
② 塩ゆでする。
③ 強火で煮る。

■二十分程豆をゆで、ゆで汁ごとポットに入れます。ポットの八分目まで熱湯を注いできっちりふたをし、一昼夜程そのままおきます。ほとんどやわらかくなっているので汁ごと鍋《なべ》に移し、豆がおどらないように弱火で煮ましょう。すっかりやわらかくなったら砂糖を二〜三回にわけて入れ、塩少々で味をつけます。そのまま一晩おくと、味のしみた煮豆の完成です。

答え…①

33 「火止め」どんな料理に有効

煮物《にもの》をおいしくするワザの一つに「火止め」があります。では、どんなワザでしょうか。

① **調味したらすぐに火を止める。（みそ汁など）**
② **火から下ろして保温したまま冷ます。（おでん、ポトフなど）**
③ **沸騰《ふっとう》したら火を止める。（一番だしなど）**

■煮物は煮ているときに具の水分が引き出され、冷めるときに味が具にしみ込みます。おでんのように汁のうまみをしっかり具にしみ込ませたい時は、調味した汁に下ごしらえした具を入れて沸騰直前の火加減で煮込みます。火が通ったら、バスタオルなどに包んでゆっくり冷ましましょう。冷めてからまた温めると味が芯《しん》までしみ込みます。この冷めたら煮るワザを火止めといいます。省エネにもなりますね。

答え…②

34 「煮物応援団」色や食感をよくするのは

①～⑤は、煮物をおいしくする応援団《おうえんだん》です。では、何に役立《やくだ》っているでしょうか。

① **油。**
② **鉄鍋《てつなべ》、古《ふる》くぎ。**
③ **酢《す》。**
④ **こんぶ。**
⑤ **くちなし、焼きミョウバン。**

Ⓐ **黒豆《くろまめ》。**
Ⓑ **ナス。**
Ⓒ **レンコン、ゴボウ。**
Ⓓ **サツマイモ、栗《くり》。**
Ⓔ **大豆。**

■油はナスの皮に含まれるナスニン（紫）が流れ出すのを防ぎます。鉄鍋や古くぎに含まれる鉄分は、黒豆の皮のアントシアン（紫）と結びつき、離れなくなるので、黒が鮮やかに出ます。酢は、ゴボウやレンコンの変色を防ぎます。また、レンコンは、酢水《すみず》でゆでるとサクサクします。こんぶはだしになるほか、皮の破れを防ぎます。栗の煮くずれを防ぐのは、くちなしと焼きミョウバン水です。

答え…①—Ⓑ、②—Ⓐ、③—Ⓒ、④—Ⓔ、⑤—Ⓓ

35 「煮魚」香りをよくするワザは

生臭《なまぐさ》い魚が、香りのよい栄養たっぷりの煮魚《にざかな》に変身します。さて、香りをよくする名人ワザは何でしょうか？

① 水に入れてゆっくり煮る。
② 沸騰《ふっとう》した煮汁に入れてさっと煮る。
③ 途中で表と裏を返して煮る。

■魚の生臭《なまぐさ》みは、たん白質と一緒に水にとけ出す性質《せいしつ》があります。生臭さを防ぐには、調味《ちょうみ》した煮汁（しょうゆまたはみそ、酒、砂糖、しょうがなど）を沸騰させた中に魚を入れて煮ましょう。魚に切り目を入れ、煮汁は、ひたひたぐらいにして、落としぶたをして短時間で煮ます。香りを引きたてるには、仕上げにみそ、しょうゆ（分量内）を入れます。

答え…②

36 ●●● 「煮こごり」成分はなに

魚や肉の煮汁が冷めると、プルンとした煮こごりができます。さて、成分は何でしょうか。

① コラーゲン（たん白質）。
② 糊《のり》（でんぷん）。
③ アク（脂肪《しぼう》）。

■コラーゲンというたん白質です。魚の他、牛、豚、とりの骨や皮、すじや関節に多く含《ふく》まれています。じっくり煮るとコラーゲンが煮汁にとけ出し、冷めるとゼラチンに変化して固まるのです。肌《はだ》や髪《かみ》を美しくし、骨を丈夫にする効果があり、消化がよいので病人食にもなります。コラーゲンを多く含むとりの手羽先やもも肉を水煮にしてワサビじょうゆで食べる方法もあります。煮汁も捨てずに利用しましょう。

答え…①

37 「煮物の基本」おいしく作る方法は

素材のうまみを生かすには、煮る時の手順や火かげんが大切です。さて、①～⑥に合う煮方をⒶ～Ⓕのうちから選んでください。

① 魚。
② かたいかたまり肉。
③ 香りの高い食品。
④ 三つ以上の野菜。
⑤ 煮くずれを防ぐ場合。
⑥ 調味料の入れ方。

Ⓐ 調味料をサ・シ・ス・セ・ソの順に入れる。
Ⓑ 煮汁を先に沸騰《ふっとう》させる。
Ⓒ 弱火でコトコト煮こむ。
Ⓓ 仕上げに入れる。
Ⓔ かたいものから煮る。
Ⓕ 面とり（野菜の角を少し切りとって丸くすること）**をして落としぶたをする。**

■火かげんは、どれも沸騰するまでは強火、その後は中火または弱火で煮ます。味をしみこませるには、煮えたら火止めをして、ゆっくり蒸らしながら冷ますのをくりかえしましょう。調味料は、砂糖、塩、酢、しょ（せ）うゆ、みその順に入れます。

答え…①—Ⓑ、②—Ⓒ、③—Ⓓ、④—Ⓔ、⑤—Ⓕ、⑥—Ⓐ

揚げる

38 「油の温度」見分けるポイントは

油の温度は、溶いた衣を油に落として見分けます。では、適温の一八〇度前後は何番でしょうか。

① 衣を落とすと同時にパッと散る。

② 衣が中程まで沈んですぐに浮く。

③ 衣が底まで沈んで泡が少し出る。

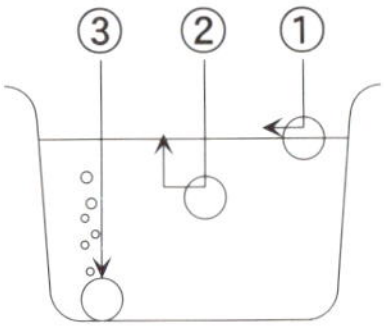

■①は、衣が油の中に落ちたとたんに水分《すいぶん》が蒸発《じょうはつ》する状態で二〇〇度以上です。②は、衣が油の中程で水分を失い、浮きあがる状態で一八〇度前後です。③は、衣が鍋底《なべぞこ》まで沈む状態で、油の温度は一五〇度以下です。揚《あ》げ物をするときには、油に水滴が入らないように水気をよく除きましょう。また、使った油は熱いうちにこして、炒《いた》めものなどに使いきりましょう。

答え…②

39 「揚げもの」衣のつけ方は

揚《あ》げものは、衣のつけ方で大きく四つに分けられます。では、衣のつけ方はどれでしょうか。

① す揚げ。
② から揚げ。
③ 衣揚げ。
④ フライ。

Ⓐ 片栗粉《かたくりこ》、小麦粉、くず粉などを薄くつけて揚げる。とりのから揚げなど。
Ⓑ 何もつけずに揚げる。ポテトチップス、大学イモなど。
Ⓒ 小麦粉、溶《と》き卵、パン粉の順につけて揚げる。えびフライなど。
Ⓓ 粉を卵液などで溶いた衣をつけて揚げる。天ぷら、かき揚げなど。

■す揚げは、材料の色を生かす方法で、煮るよりも水分がぬけます。揚げてから調味します。から揚げは、調味してから粉をつけて揚げます。水分と一緒に脂肪《しぼう》もぬけるので揚げすぎると味が落ちます。衣揚げは、天ぷらやかき揚げが代表的です。材料に薄く粉をまぶしてから、薄く溶いた衣をかけると油がはねにくく、かき揚げはよくまとまります。

答え…①—Ⓑ、②—Ⓐ、③—Ⓓ、④—Ⓒ

40 「ジューシーから揚げ」味つけはいつから

から揚げは、時間がたってもベタつかないのでお弁当によいようです。では、肉の味つけはいつからするとよいでしょうか。

① 前夜から。

② 揚げる二〇分前から。

③ 揚げる直前に。

■から揚げは、前夜から下味《したあじ》をつけて冷蔵庫に入れます。下味のつけ汁はこげにくくするために砂糖やみりんを少なめにして酒を加えます。揚げる直前に冷蔵庫から出して粉をつけすぐに揚げます。粉をつけたままおくと水気で衣がはがれます。揚がった合図は、泡が少なくなり肉が浮いてきたときです。揚げすぎるとパサパサするので注意しましょう。

答え…①

41 「天ぷら」カラリと揚がる衣の作り方は

天ぷらはサクサクッと口の中に広がるように揚げたいですね。衣《ころも》作りの㊙ワザは何でしょうか。

① 水を多くしてよくかきまぜる。
② 粉を冷やして氷水でさっとまぜる。
③ 湯を使ってトロッととく。

■グルテン（たん白質）の成分が少ない薄力粉を使います。コーンスターチはさらにグルテンが少ないのでまぜると軽く揚がります。小麦粉と水を冷蔵庫で冷やし、切るようにさっくりとまぜてすぐ揚げ始めましょう。時間をおいたり、衣をかきまぜすぎるとグルテンができて、重い感じの天ぷらになります。天ぷらは、すぐ揚がる材料から揚げて、サツマイモなどは後で揚げましょう。

答え…②

42 「二度揚げ」温度を高くするのはいつ

大学イモやから揚げなどは、二度揚《にどあ》げをするとおいしくなります。では、油の温度を高くするのはいつでしょうか。

① 最初に揚げるとき。
② 二度目に揚げるとき。
③ 一度目も二度目も揚げ物を引きあげる寸前。

■二度揚げは、はじめは低温（一五〇℃前後）の油で揚げ、いったんとり出してしばらくおき、高温（一八〇℃）の油でもう一度揚げる方法です。一度めは材料を鍋《なべ》の表面積いっぱいに入れると油の温度が下がります。色づいたら一度油から出して三～四分（小さい物は少なく）休ませ、仕上げは少しずつ揚げましょう。休ませている間に余熱で火が中まで通ります。

答え…②

43 「揚げだし豆腐」衣がはがれない豆腐の揚げ方は

あさつきや大根おろしをのせた揚げだし豆腐は、季節《きせつ》を問わずうれしい一品です。さて、豆腐の衣がはがれないように揚げるコツは何でしょうか。

① **粉をつけたらすぐ揚げる。**
② **粉を厚くつける。**
③ **高温の油で揚げる。**

■豆腐を八等分くらいにして自然に水きりをしておきます。次に、豆腐の水けをよくふいて粉を薄くまぶし、すぐに揚げましょう。油のはねを少なくするには、溶《と》き卵にくぐらせます。油の温度が低いと水分がしみ出し、衣がはがれるので、190℃くらいの高温にします。片面が色づき浮いてくるまでそっとしておき、揚がったら裏返して火を通します。

答え…①、③

44

「ダイエット」十番勝負（○×クイズ）

① テレビを見ながら楽しく食べる。（　）

② よくかんで、夕食は二〇～三〇分かけて食べる。（　）

③ ダイエットは家族で取り組む。（　）

④ 植物性たん白質より動物性たん白質のほうが体によい。（　）

⑤ 食事の前にスープやサラダを食べる。（　）

① （×）食べることに集中して、味わって食べると満足感が得られる。

② （○）だ液がまざり、消化がよくなる。時間をかけると満腹感が味わえる。

③ （○）バランスのよい食事にする。間食も含めた食事のリズムを家族で作る。

④ （×）動物性たん白質一に対し、植物性たん白質は一・五倍とるとよい。

⑤ （○）わかめ、卵、豆腐、野菜など低カロリー食品はたくさん食べられる。

⑥ 牛乳は一日四〇〇㎖以上飲む。（　）

⑦ 味つけを濃くして少ないおかずで食べる。（　）

⑧ 酢《す》を使った調理を多くする。（　）

⑨ こんにゃくは栄養がないのでよくない。（　）

⑩ 何といっても減食が大切である。（　）

⑥（○）成長に欠かせないたん白質源、カルシウム源として有効な食品といえる。ただし低脂肪《ていしぼう》乳で。

⑦（×）濃い味つけはごはんを食べすぎるもとになる。薄味《うすあじ》になれるようにする。

⑧（○）炭水化物やたん白質をエネルギーに分解する。疲れがとれ活動的になる。

⑨（×）食物繊維《せんい》が便通《べんつう》をよくし腸内をきれいにする。かさがふえて満腹できる。

⑩（×）かえってマイナス。栄養バランスがくずれ過食《かしょく》になりやすい。

焼く

45 「焼きはまぐり」上下を見分ける方法は

はまぐりは、身のついた方を下にして焼くと、ふたがきれいにあいておいしい汁が残ります。さあ、焼く前に上下を見分けるには、どうすればよいでしょうか。

① ころがしてみる。
② 泳がせてみる。
③ もようでみる。

■はまぐりは、ちょうつがいを下にして扇のように立て、手を離すと身のついた方に倒れます。潮《うしお》はまぐりは上になった面に卵白をといてぬり、多めに塩をふって中火で焼きます。塩が乾いて汁が出てきたら完成です。塩をしいた皿にのせ、レモンを添えましょう。上面がわからないときには、料理バサミでちょうつがいを切りとって焼くとひっくり返りません。

答え…①

46 「海苔」パリパリに焼くワザは

海苔《のり》は二枚重ねて焼くとよいといわれますね。では、一枚のときはどうしますか。

① 半分に折って焼く。
② 両面から焼く。
③ 焼かない。

■海苔には三〇~三五パーセントのたん白質が含まれています。たん白質は熱せられるとちぢむ性質があります。ツルツルした表とザラッとした裏では組織の並び方がちがうので、両面から焼くとちぢみ方がちがい、味がおちます。一枚の海苔は、外表になるように半分に折り、外側を焼きましょう。二枚の場合も外表に重ねると、味と香りが残って焼きたてのおいしさが味わえます。

答え…①

47

「オムレツ」どんな鍋がよい

「これはうまい」と思わずうなってしまうプレーンオムレツを焼きましょう。さて、鍋はどれがよいでしょうか。

① **薄手《うすで》のフライパン。**
② **厚手のフライパン。**
③ **ホットプレート。**

■五つの術をクリアーしましょう。①厚手の鍋を使う、②新鮮な卵、③あまりかきまぜない、④塩、コショウは少なめ（だしじょうゆもＯＫ）、⑤強火でサッと三〇秒、の五つです。フライパンを熱してバターをいれ、卵を流しこみます。大きくまぜてすぐに火を弱めて卵をまとめ、皿に移します。卵にラップをかけ、上にふきんをのせて形づくるときれいにまとまります。

答え…②

48 「卵焼き」三種類を成功させるコツは

左の①～③の卵料理を作るとき、加えるとうまく作れる材料をⒶ～Ⓒからそれぞれ選びましょう。

① やぶれにくい薄《うす》焼《や》き卵。
② ふんわり厚焼き卵。
③ 白身の丸い目玉焼き。

Ⓐ はんぺん。
Ⓑ 玉ねぎ。
Ⓒ 水とき片栗粉《かたくりこ》

■薄焼き卵には、卵一個に水とき片栗粉大さじ一を合わせましょう。取り出すときには、ふせた盆ざるの上から卵やき器をポンとたたきつけるとやぶれにくく、くっつきも防げます。厚焼き卵はすり鉢でよくすったはんぺんとだし汁、卵液を合わせ、裏ごしして焼きます。目玉焼きは、玉ねぎの輪切りの輪の中に卵を割り入れると白身も丸い目玉焼きができます。

答え…①—Ⓒ、②—Ⓐ、③—Ⓑ

49 「いも、肉、魚」焼く火かげんは

いも、肉、魚をおいしく焼くには火かげんが大切です。さて、合うのはどれでしょうか。

① いも類。
② 肉類。
③ 魚類。

Ⓐ 強火の遠火で中まで。
Ⓑ 強火でさっと。
Ⓒ 弱火でじっくりと。

■いも類は完全に火が通り、澱粉《でんぷん》がα《アルファ》化しないと食べられません。強火では表面だけがこげてしまうので、使い古したやかんや鍋に小石をしきつめていもを入れ、弱火（最高一〇〇℃）でじっくり焼きます。肉は強火でさっと焼くとうま味が残ります。豚肉は寄生虫が心配なのでよく焼きましょう。魚は表面を焼き固めた後、火を弱めて（遠火）、中まで火を通します。こげやすいので注意します。

答え…①—Ⓒ、②—Ⓑ、③—Ⓐ

おすすめの本

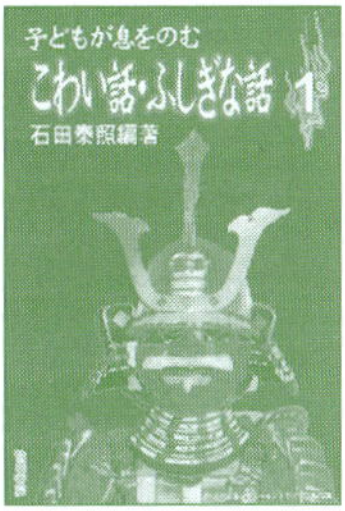

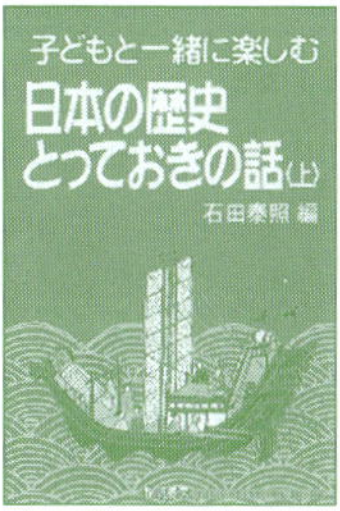

補充・発展
算数学習スキルアップシート
（全３巻）低学年／中学年／高学年
岡崎市算数・数学教育研究部編著
Ｂ５　定価各1995円

先生も子どももできる
楽しい指編みあそび
菊池貴美江著　Ｂ５　定価1470円

先生も親も子どももできる
びっくり手品あそび
三宅邦夫他著　Ｂ５　定価1470円

子どもが息をのむ
こわい話・ふしぎな話（全３巻）
石田泰照編著　四六　定価各1365円

子どもと一緒に楽しむ
日本の歴史とっておきの話（上・下）
石田泰照編著　四六　定価各1365円

小学校の総合学習に生かせる
全員参加の学級・学年劇脚本集
（全３巻）低学年／中学年／高学年
日本児童劇作の会編著　Ｂ５
定価各2940円

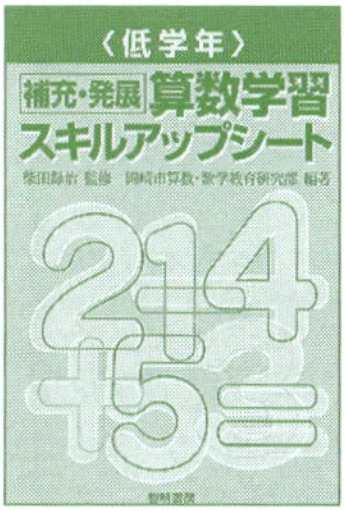

英語クイズ＆パズル＆ゲーム70
石戸谷 滋他著　Ｂ５　定価2100円

子どもに出して喜ばれる
慣用句クイズ129
波多野總一郎著　Ａ５　定価1680円

知っているときっと役に立つ
四字熟語クイズ109
大原綾子著　Ａ５　定価1575円

知っているときっと役に立つ
生き物クイズ114
町田槌男著　Ａ５　定価1575円

て困ることがあります。これは助かります。(33歳・介護員)『これだけは知ってお

お年寄りと楽しむゲーム＆レク③

デイホームのためのお年寄りの簡単ゲーム集

—介護度レベル付き

忽ち重版

斎藤道雄著　Ａ５判　96頁　定価1680円

介護度に合った簡単で楽しいゲーム23種と，明るいデイホーム作りに役立つ様々なヒントやアドバイスを紹介。

●高齢者のレクリエーション＆ケアを応援！

AptyCare アプティケア

⑦特集：お年寄りと子どもをつなぐ手づくりレク

芸術教育研究所編　ＡＢ判　48頁(カラー8頁)　定価1260円

お年寄りと子どもが，一緒につくって楽しめる工作の特集ほか，レク現場報告，おもちゃでリハビリ，お年寄りの心にひびく懐かしい歌をイラスト・写真を交えて楽しく紹介。

年４回発行。定期購読受付中！

▼全国の高齢者福祉の現場で人気急上昇中!!　定価各1260円

①自分でつくる楽しさ発見
②自然とふれあう時間を楽しむ
③和を楽しむレクリエーション
④お年寄りと楽しむレク飾り
⑤冬を楽しむレク行事
⑥介護の現場で今すぐ使える春の手工芸

親しみやすくて読みやすい，高齢者ケアに従事するすべての人のための専門情報書。高齢者介護の現場で実際に行われているレクリエーションを，生き生きした実践報告を交え，毎回多数紹介。現場の声が聞こえる楽しい情報を満載！

●8月・9月・10月の新刊予定

諸般の事情により，刊行が遅れる場合がございますので，ご了承下さい。

AptyCare(アプティケア)⑧

特集：介護の現場でかんたん創作　芸術の秋を楽しもう

芸術教育研究所編　ＡＢ判　48頁(カラー8頁)　定価1260円　8/上刊

手づくりグッズで音楽活動を盛り上げよう／施設の壁を秋色に染めよう／他。

子育て支援シリーズ④
0～3歳児の親子ふれあい手づくりおもちゃ42

多田千尋編著　Ａ５判　定価1680円

本書には，零歳から三歳までの成長・発達に合わせた，身近にあるもので簡単にできる四二のおもちゃの作り方・遊び方が，かわいいイラストを添えて収録されている。おもちゃは，「玉付きしゃもじ」などの“音を楽しむおもちゃ”，「花とちょうちょのクルクルメリー」などの“目で楽しむおもちゃ”，「うさぎのつなぎっこ」などの“手の発達をうながすおもちゃ”，そして「お魚ファミリー」などの“コミュニケーションを豊かにするおもちゃ”に分けて紹介されているので，個々のおもちゃの持つ機能が再認識されてよい。おもちゃの作り方は，必要な材料や道具とともに，わかりやすいイラスト付きで丁寧に説明されているので，初めての人でも安心。愛情たっぷりの手づくりおもちゃを通して，子どもとのふれあいのひとときを楽しむのに手ごろな本といえる。（教育タイムス５/11号）

▼読者のおたより

▶今，盲学校のサポートをしているのですが，子供達をいかにのびのび，いろんな体験をさせてあげようかといつも思っていました。この本は，手軽に作れて，楽しい，子供の興味のありそうなものが多く載っていて，とても参考になりました。これを基に，いろいろ作ったり，アレンジしてみようと思っています。（44歳・公務員）**『障害児のための手づくりおもちゃ』定価2100円**　▶すごい本だと思いました。こんな本を探していました。早速授業で使わせていただきます。（38歳・中学教師）**『英語クイズ＆パズル＆ゲーム70』定価2100円**　▶音やリズムだけではなく，親子体操やおもちゃ作り，簡単な遊びがのっていたので，すぐ実践で使えるものばかりで良かったです。（29歳・幼児教室講師）**『ワクワク音あそび・リズムあそび』定価1785円**　▶日々忙しくおわれる毎日の中で，忘れがちな事や，あっ！そうか！と発見することなど，たくさんのことが書かれており，とても役立ちました。（26歳・保育士）**『クラス担任のアイディアBEST65&基礎知識』定価1680円**

▼話題の本

指導者ハンドブック①
ゲーム感覚で学ぼう、コミュニケーションスキル－小学生から

田中和代著　A5判　定価1680円

林間学校やキャンプで，ジェスチャー，フルーツバスケット，風船リレー等などのゲームを楽しんだ思い出は誰にもあることだろう。これら馴染みのゲームが，実はコミュニケーションを高めるゲームでもあるという。キレる，不登校，引きこもりなどの問題を抱える子どもに多く見られるのは，人との良好な関係作りが苦手という，いわゆるコミュニケーション能力の不足といわれる。現在では，子どもたちのコミュニケーション力の低下を補う授業を取り入れる学校も増えている。本書は，道徳や総合学習の時間などで，コミュニケーションを取り上げる学校関係者に向けたワークブック。前述のゲームを始めとする18のゲームとロールプレイに続いて，ロールプレイを取り入れた授業の進め方９列が紹介される。対象は，小学校低学年から中学生までが大半だが，親子の会話や大人向けのトレーニングも含まれている。トレーニングを通じて，コミュニケーションは，ちょっとした気遣いや気付きからと実感してほしいもの。（教育家庭新聞６/12号）

人間関係が苦手な子，人と話すのも緊張する子にとって，指示された話題で自分を問われずに相手と言葉を交わすゲームや，自然にノンバーバルなふれあいのできるエクササイズは，一歩踏み出すチャンスだ。楽しい雰囲気のなかで安心して言葉を発したり動いたりすることが，心地よい体験と自信につながる。本書はそんな「コミュニケーションスキルの必要性と考え方」（第１部），時間や機会に合わせてとりたてた準備もなく行うことができ，子どもに自然なコミュニケーションを体験させるための「３～30分でできるゲーム＆エクササイズ」（第２部），コミュニケーションスキル・トレーニングの授業計画案（第３部）から成る。具体的でわかりやすく，明日からすぐ教師と子どもたちの味方になる一冊である。（「月刊学校教育相談」2004.７月号　ほんの森出版）

い介護の禁句・介護の名句』定価1680円

特別支援教育のための授業力を高める方法

太田正己著　Ａ５判　150頁　定価1995円　8/中刊

授業力を高めるのに効果的な著者独自の授業研究の方法（ＲＰアプローチ法）や，個別の指導計画，自己決定，養護学校での一日体験などについて詳述。

看護スタッフのためのＳＳＴ（生活技能訓練）入門

山田州宏編著　Ａ５判　168頁　定価2415円　8/下刊

具体的取り組みの様子を，精神科病院での看護師の体験を中心に紹介する。

知っているときっと料理がうまくなるクッキングクイズ105

朝倉貞子著　Ａ５判　128頁　定価1575円　8/下刊

料理の基本やコツ，手順について，詳しい解説をプラスしたクイズ105問。

愛は裁かず－子どもが立ち直る決め手となったもの〈新装版〉

伊藤重平著　四六判　275頁　定価1785円　9/上刊

ゆるす愛の奇跡－わが路傍のカウンセリング〈新装版〉

伊藤重平著　四六判　226頁　定価1680円　9/上刊

知っているときっと役に立つ体育の話36〈新装・改訂〉

橋本名正・舟橋明男著　四六判　228頁　予定価1890円　9/中刊

学力向上をめざす個に応じた指導の理論

加藤幸次監修　全国個性化教育研究連盟編著　Ｂ５判　104頁　予定価2205円　9/中刊

介護度別・高齢者の生活レクリエーション

芸術教育研究所監修　高橋紀子著　Ｂ５判　80頁　予定価2100円　9/下刊

知っているときっと役に立つ難読漢字クイズ111

杉浦重成他著　Ａ５判　128頁　予定価1575円　10/下刊

習熟度別授業でほんものの算数の学力をつける（仮）

山口満・重松敬一監修　綾部市立中筋小学校編著　Ａ５判　160頁　予定価2100円　10/下刊

地域の支援者と共に進める障害児の学びの創造

都築繁幸監修　信州大学附属養護学校編著　Ｂ５判　136頁　予定価2625円　10/下刊

子どもと楽しむ自然観察ガイド&スキル

—虫・鳥・花と子どもをつなぐナチュラリスト入門

芸術教育研究所企画　ＮＰＯ法人シェアリングアース協会代表 藤本和典著

Ｂ５判　80頁（カラー16頁）　定価2310円　子どもの自然への好奇心を伸ばし，身の回りの小さな命が発するメッセージを読み取る知識や技術を，生き物図鑑やＱ＆Ａ等を通して紹介。

パズルで磨く数学センス65の底力

—65(無意)味な勉強は，もうやめよう！

仲田紀夫著　Ａ５判　168頁　定価1890円

現代社会を洞察し，日常生活で出会う問題の数々を解決する数学センスをup！　数学パズルやパズル的思考がいっぱいの本書を読んで，数学センスをどんどん磨こう。

大好評発売中！　定価各1890円

恥ずかしくて聞けない数学64の疑問—疑問の64(無視)は，後悔のもと！
思わず教えたくなる数学66の神秘—66(ムム)！ おぬし数学ができるな！
意外に役立つ数学67の発見—もう「学ぶ67(ムナ)しさ」がなくなる！

保健室の楽しい壁面構成12カ月

—コピーしてすぐ使える一口知識&クイズ付き

久住加代子著　Ｂ５判　112頁（カラー口絵８頁）　定価2730円

保健室を明るくし，健康に役立つ一口知識とクイズを加えた壁面構成の作り方を，カラー写真とイラストで紹介。型紙付き。９月「いま，はやっています(感染症)」「けがのクイズ」他。

学校水泳の安全・衛生管理と指導の実際Ｑ＆Ａ

渡邊義行著　Ｂ５判　110頁　定価2100円

事故防止，疾病，プールの管理，泳ぎの基礎，指導の留意点など，水泳指導者として，知っておきたい81の知識・資料をＱ＆Ａ方式で分かりやすく解説。

黎明ニュース

新刊・近刊案内

NO.一一九

二〇〇四年八月～十月

REIMEI SHOBO

黎明書房

〒460-0002

名古屋市中区丸の内3-6-27 EBSビル

TEL.052-962-3045

FAX.052-951-9065／052-951-8886

http://www1.biz.biglobe.ne.jp/~reimei/

E-mail:reimei@mui.biglobe.ne.jp

東京連絡所／TEL.03-3268-3470

■価格は税[５％]込みで表示されています。

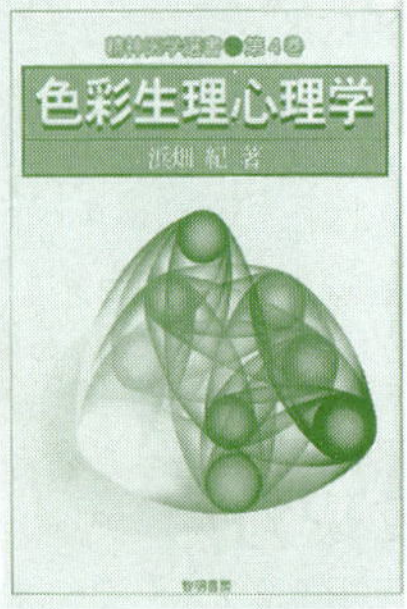

50 「焼き肉」やわらかく焼くには

かための肉をやわらかくてジューシーな肉に変身させるには、何を使うとよいでしょうか。

① チューブ入りのしょうが。
② 生のすりおろししょうが。
③ 玉ねぎのスライス。

■しょうがをすりおろした中に三〇分ほどつけると、しょうがに含まれるたん白質分解酵素《ぱくしつぶんかいこうそ》が肉をやわらかくし、ジンゲロンとショウガオールが臭みを消します。酒、みりん、しょうゆで下味をつけて、肉が重ならないように広げてこげ目をつけながら焼きましょう。チューブ入りのしょうがは熱処理してあるので酵素の働きは止められています。

答え…②

51 「素焼き・てり焼き」どんな焼き方

①〜⑦は焼いて食べる調理の一例です。さて、それぞれの焼き方をⒶ〜Ⓖから選んで線で結びましょう。

① 素焼き。
② 塩焼き。
③ てり焼き。
④ 黄身焼き。
⑤ 西京焼き。
⑥ ゆうあん焼き。
⑦ 浜焼き。

Ⓐ 塩をふって焼く。
Ⓑ 砂糖《さとう》、しょうゆのたれをつけて焼く。
Ⓒ 卵黄《らんおう》、塩、みりんを合わせ、はけでぬって焼く。
Ⓓ 何もつけないで焼く。
Ⓔ 酒、しょうゆ、みりん、ゆずの輪切りのつけ汁につけこんで焼く。
Ⓕ お頭《かしら》つきのタイなどを塩がまの中に入れて蒸し焼きにする。
Ⓖ 西京みそをみりんでのばした中に魚をつけて焼く。

■日本人が考え出した、主に魚介類《ぎょかい》を焼くときの調理法です。魚介類（肉も）のおいしさを逃がさず、うまみをプラスしています。どれも焼きすぎないのがおいしさのコツです。

答え…①—Ⓓ、②—Ⓐ、③—Ⓑ、④—Ⓒ、⑤—Ⓖ、⑥—Ⓔ、⑦—Ⓕ

52 「粕漬け・みそ漬け」きれいに焼くには

粕漬《かずづ》けやみそ漬けの魚は、こげやすいですね。では、どうすればきれいに焼けるでしょうか。

① 粕やみそを洗い落として焼く。
② アルミ箔《はく》にはさんで焼く。
③ うちわでパタパタあおぎながら焼く。

■みそ漬けや粕漬けには砂糖が入っていてこげやすいので、クシャクシャにしたアルミ箔にはさんで焼きましょう。みりん干しも同じです。新鮮な魚の切り身を調味しているので火が早く通ります。あおぎながら焼くのは、ウナギやサンマなど油の多い魚です。油が落ちてすすや煙になって魚にかかると風味が悪くなるので、煙を横に逃がしているのです。

答え…②

53 「ゴーヤチャンプルー」豆腐の水切りはどうする

ゴーヤチャンプルーは沖縄の家庭料理で、豆腐と季節の野菜を炒《いた》めたものです。では、豆腐の水切りの方法はどれがよいでしょうか。

① ふきんに包んでざるにいれ、重《おも》しをする。
② 電子レンジの耐熱皿にキッチンペーパーをしき、その上に豆腐をのせて一～二分加熱する。
③ 冷凍庫で凍らせる。

■①の方法でもできますが、急ぐときには②で水切りをします。ゴーヤは縦半分に切り、種とわたを除いて三ミリ程の半月切りにします。ラード（油）で炒め、塩、こしょうをし、大きくちぎった豆腐を入れて炒め合わせます。とき卵を流し入れてからませ、しょうゆ、ゴマ油を鍋肌《なべはだ》から落として味をととのえ、香りを出します。アサツキ、すりゴマをかけても。

答え…①、②

54 「いりどり（筑前煮）」味を均一にしみこませるには

いりどり（筑前煮《ちくぜんに》）は福岡県の郷土《きょうど》料理で、野菜の炒め煮《に》です。では、味を均一《きんいつ》にしみこませる方法はどれでしょうか。

① すべてひと口大に切る。

② かたいものは小さく切る。

③ かたいものから炒める。

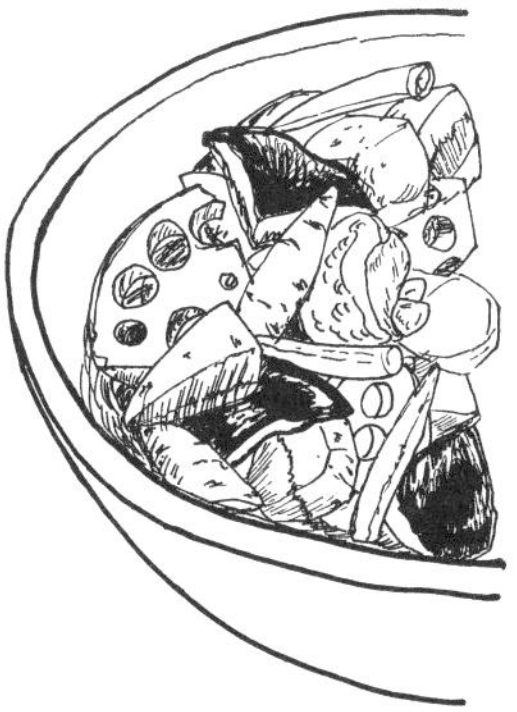

■一般的には、とり肉、にんじん、ごぼう、しいたけ、れんこん、コンニャク、里いもなどを油で炒めて、だし、しょうゆ、砂糖、酒などで甘辛《あまから》く煮ます。味を均一にしみこませるには、材料全部をひと口大に切ります。下ごしらえは、里いものぬめり取り、コンニャクの下ゆでれんこんとごぼうのアクぬき、干ししいたけは完全にもどすなどです。

答え…①

55 「炒めもの」うまみを逃がさない炒め順は

野菜と肉、卵で炒《いた》めものを作りましょう。では、うまみを逃がさない炒め順はどれでしょうか。

① 豚コマ肉。

② 卵。

③ 野菜（にんじん、玉ねぎ、キャベツなど）。

■材料のうまみや栄養を逃がさないためには最後に卵を使います。まず、強火で肉を炒めて表面のたん白質をかため、うまみをとじこめます。次ににんじん、玉ねぎ、キャベツの順にいれて炒め、最後に卵を流し入れて、それまでに流れだしたうまみや水分を包みこませます。卵の粒子《りゅうし》の中に味がしみて、卵もおいしくなる上にフライパンに油も残りません。

答え…①—③—②

56 「野菜炒め」シャッキリ仕上げるワザは

玉ねぎ、にんじん、キャベツ、それぞれの味がシャキシャキ伝わる野菜炒めを作りましょう。では、コツは何でしょうか。

① **強火でさっと炒める。**
② **弱火でじっくり炒める。**
③ **余熱を利用してむらす。**

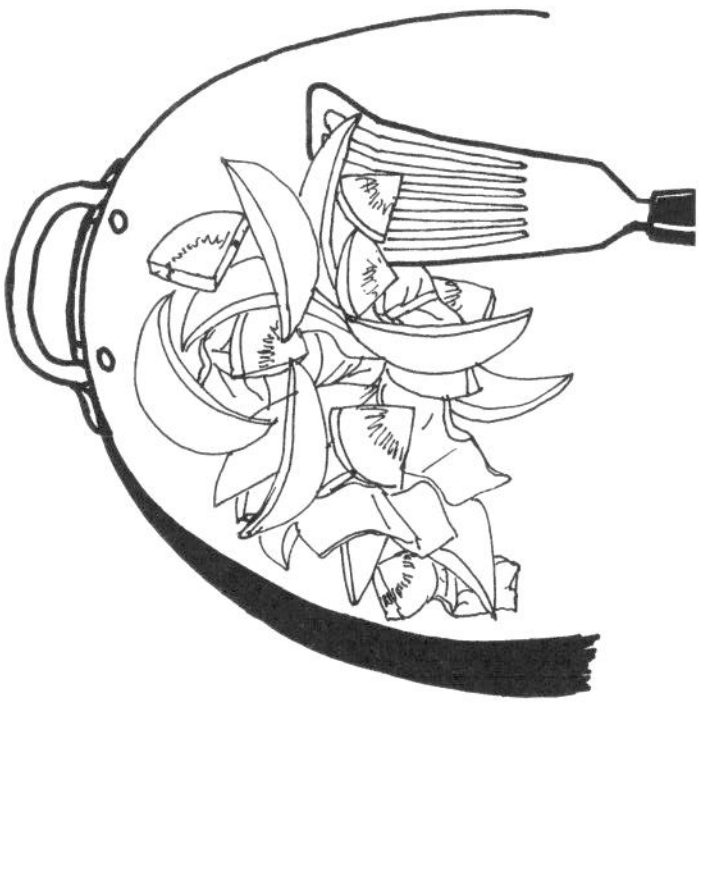

■弱火では、野菜のうまみ、香り、色、水分が失われます。強火でサッと炒めましょう。そのためには、鍋、油を十分熱くして材料を入れても温度が下がらないようにします。調味料はあらかじめ準備し、材料は大きさをそろえて切り、余分な水気をとります。大きめの鍋に広げて炒め、調味料は鍋肌から流し入れ、大きく返して、手早く盛りつけましょう。

答え…①

57 「炒めもの」四つの調理のパターンは

炒《いた》める調理には、大きく分けて①〜④のしあげ方があります。では、料理をあてはめてみましょう。

① 炒め煮《に》。
② 炒め揚《あ》げ。
③ 炒め焼き。
④ 油炒め。

Ⓐ ギョウザ、ドリアなど。
Ⓑ パエリア、豚《ぶた》汁、いりどりなど。
Ⓒ チャーハン、エビチリソースなど。
Ⓓ 肉だんご、クルトン、魚のフライなど。

■油炒めは、細かく切った材料を油を使って熱を伝える調理方法です。炒め焼きは、炒めた後水分がなくなるまで焼きあげて味を凝《ぎょう》縮《しゅく》させます。炒め揚げは、多めの油で炒めるので揚げたような仕上がりになります。炒め煮は、炒めた材料の水分や加えた水で、煮た状態になります。炒めものが揚げものとちがうのは調理の途中で味をつけたり変えたりできるところです。

答え…①—Ⓑ、②—Ⓓ、③—Ⓐ、④—Ⓒ

58 「野菜のはたらき」十番勝負（○×クイズ）

① ビタミンCは、美肌《びはだ》に効果がある。（　）

② カロテンは黄色やオレンジ色の色素で、体内でビタミンAにかわる。（　）

③ 野菜にはカルシウムは含まれていない。（　）

④ 野菜には血液のもとになる鉄分はない。（　）

⑤ 食物繊維《せんい》は便通をよくし、大腸ガンを予防する。（　）

① （○）免疫力《めんえきりょく》アップ、ストレスにも強くなれる。

② （○）緑黄色野菜に多く含まれる。カゼやガン予防にも効果が大きい。

③ （×）小松菜一〇〇g中には二九〇mg含まれている。葉野菜に多く含まれる。

④ （×）鉄分は小松菜一〇〇g中に三mg、ホウレンソウには、三・七mg含まれ、貧血に効果がある。

⑤ （○）ごぼう、おくら、しいたけなどにたくさん含まれている。

⑥ 野菜は一日三五〇g以上食べた方がよい。（　）

⑦ たくさん食べるには生がよい。（　）

⑧ 野菜は油と相性がよい。（　）

⑨ 野菜は組み合わせて食べると効果がアップする。（　）

⑩ 野菜には、人間の体内では作れないミネラルがたくさん含まれている。（　）

⑥（○）緑黄色野菜一二〇g以上、淡色野菜二三〇g以上とるとよい。

⑦（×）加熱した方がかさがへってたくさん食べられるので栄養もとれる。

⑧（○）βカロテンは油で調理するとよく吸収される。

⑨（○）ビタミンCと鉄、たん白質とビタミンB_1やビタミンCなどを組み合わせるとよい。

⑩（○）カリウム、リン、鉄、カルシウムなどのミネラルは野菜からも吸収できる。

スープ

59 「トムヤムクンスープ」主な材料はなに

タイの代表的な料理で、世界の三大スープ（他の二つはブイヤベース、ボルシチまたはフカヒレスープ）の一つといわれています。では、主な材料は何でしょうか。

① 肉類。
② 魚介《ぎょかい》類。
③ 野菜類。

■トムヤムはスープ、クンはエビの意味です。エビを頭ごと（背わたは除く）いれてうまみをだし、レモングラス、こぶみかんの葉、カー（タイのしょうが）、ブリッキーズ（タイの青唐辛子《とうがらし》）などを加え、ナンプラーで調味します。とりガラスープを煮たて、エビ、タケノコの水煮、マッシュルーム、セロリ、レモン汁、ナンプラー、塩、こしょうで味つけすると似たスープになります。

答え…②

60 「ミネストローネ」だしはなにからとるの

具のたくさん入ったイタリアのスープです。では、だしは何からとるのでしょうか。

① **ソーセージ。**
② **とりがら。**
③ **パンチェッタ（豚バラ肉を乾燥《かんそう》塩づけにし、熟成させた肉）。**

■一般的にはパンチェッタで味をつけます。野菜、豆類、パスタ、米などをたくさん入れるのが特徴です。ミラノでは米、トスカーナでは白インゲンのように、地方色があるようです。ではベーコンと手近な野菜を小さ目に切って炒め、白インゲン、スープ、トマトの水煮《みずに》を加えて煮こみましょう。マカロニを加えてアルデンテになったら塩、こしょうで調味します。

答え…③

61

「みそ汁」最後に入れるのはなに

大根と油あげのみそ汁を作りましょう。では、最後に入れるのは何でしょうか。

① 大根。
② 油あげ。
③ みそ。

■作り方の順に書いてみましょう。まず、前夜のうちに鍋の水（一人分一〇〇cc）に頭とワタを除いた煮干《にぼ》しを浸します。朝、大根と油ぬきした油あげを切って加え、中火でじっくり（煮干しのだしがよくでる）煮ます。火が通ったら、火を弱めてみそをお玉の中で汁とまぜるようにとき入れて、沸騰《ふっとう》寸前に火を止め完成。豆腐やきのこの場合はみその後に加え一～二分火を通します。

答え…③

62 「ほうとう汁」うどんを入れるのはいつ

具だくさんの上にうどんも入った、山梨県《やまなし》の郷土《きょうど》料理です。さて、うどんを入れるのはいつでしょうか。

① みそを入れる前。
② みそを入れた直後。
③ できあがりぎわ。

■ほうとう汁は、だし汁で豚肉、玉ねぎ、ごぼう、にんじん、大根などの薄切りを煮ます。カボチャ、里イモ、油ぬきをしたさつまあげと油あげを小さめに切って加え、コトコト煮ます。火が通ったらみその半量を加え、生うどんをくっつかないように広げながらいれます。うどんが芯《しん》まで透き通ったら残りのみそを加え、えのきとあさつきを入れます。

答え…②

63

「豚汁」食感のよいごぼうの切り方は

豚汁《とんじる》にはごぼうとにんじんが入りますよね。より、おいしさを感じる切り方は、どれでしょうか。

① **薄《うす》いささがきにする。**
② **細いささがきにする。**
③ **厚みのあるささがきにする。**

■ごぼうは、大きさが一定で厚みのあるささがきにして酢水《すみず》にさらします。にんじんは四ツ割にしてささがきにします。豚バラ肉は、サラダ油とゴマ油少々で、中火で炒めます。ごぼう、にんじん、こんにゃく（下ゆで）の順に一種類加えるごとに炒めてコクを出し、だし汁、みそ$3/4$量を加えて煮込《にこ》みます。（生）しいたけを加え、残りのみそをいれてネギを散らすと完成です。

答え…③

64 「野菜」どんな切り方があるの

野菜は持ち味を生かすように切りますね。さて、切り方と図を線で結びましょう。

① 輪切り。
② 半月切り。
③ いちょう切り。
④ 小口切り。
⑤ たんざく切り。
⑥ せん切り。
⑦ みじん切り。

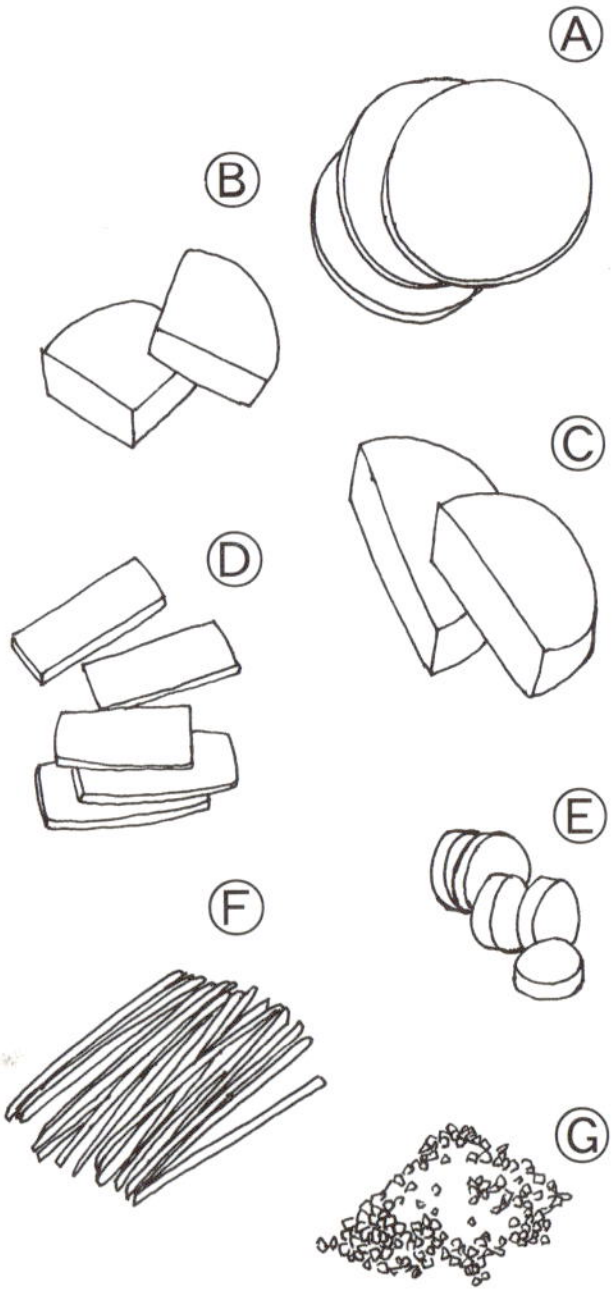

■調理をする前には材料を切りますが、一つの調理では大きさと形をなるべくそろえましょう。火の通る時間がそろい、見た目も食感もよく、安心できる料理になります。

答え…①—Ⓐ、②—Ⓒ、③—Ⓑ、④—Ⓔ、⑤—Ⓓ、⑥—Ⓕ、⑦—Ⓖ

65 「かくし包丁」かくすのはなに

「かくし包丁《ほうちょう》をいれてね。」といわれました。さて、何をかくすのでしょうか。

① 包丁をかくす。
② 切り目をかくす。
③ 切ったものをかくす。

■見えないところに切り目をいれて、食品の中まで熱を通し、味をしみやすくする方法です。大根は輪切りにした切り口の片面に厚みの半分くらいまで十字に切りこみをいれます。ふろふき大根など大きく切る野菜の火の通りをよくし、味のしみこみを早くします。ヒラメなどの魚はヒレにそって切り目を入れます。ナスやイカのかの子切りは、切り目を美しく見せています。

答え…②

66 「包丁」力の入れ方楽々ワザは

包丁は切るものによって力の入れ方をかえましょう。では、野菜を切るときにはどの方法がよいでしょうか。

① **おすように切る。**

② **引くように切る。**

③ **刃を温めて切る。**

■野菜などは、包丁を押すようにして切ります。肉や魚は、引くように切ります。骨ごと切るときには、たたき切るようにします。パンやケーキなどは、包丁を温めて切ると切り口がきれいになります。太巻《ふとま》きずしなどは、酢《す》で湿らせたふきんで刃をふきながら引きます。のこぎりのように刃を前後に動かすとくずれてしまいます。

答え…①

67 「魚をおろす・開く・造る」どんな切り方

魚の下ごしらえでは、おろす、開くなどといいます。では、どんな方法でしょうか。

① 二枚おろし。
② 三枚おろし。
③ 背開き。
④ 造り。

Ⓐ 左身、右身、中骨（背骨）の三枚に分ける。
Ⓑ 刺《さ》し身のこと。「刺す」という言葉を避けるために生まれた言葉。
Ⓒ 中骨のついた身とついていない身の二枚に分ける。
Ⓓ 背を二つに開き、腹をつないで一枚にする。小魚の天ぷらなど。

■おろすは、頭から尾に向かって一気に切る様《さま》から生まれた言葉です。おろすときには、まずウロコ、エラ、内臓をとりのぞいて洗います。次に、腹側から包丁を入れ、中骨にそって尾まで切り開き、向きをかえて背側から切り離すと片身がはずれます。この身と残った身で二枚おろしです。さらに中骨をはずすと三枚おろしです。腹開きは干物の場合が多く背中が続いた方法です。

答え…①—Ⓒ、②—Ⓐ、③—Ⓓ、④—Ⓑ

68 ●●● 「海水程度の塩水」塩の割合は

魚介類《ぎょかい》を洗ったり、貝の砂ぬきなどに使う水です。
では、塩の割合はどれくらいでしょうか。

① 三％程度。
② 五％程度。
③ 七％程度。

■三％程度の塩を加えた水です。五〇〇㎖の水に塩大さじ一を目安にします。あさりなど海にすむ貝は、水洗いしてざるにいれ、ざるごと海水程度の塩水につけます。砂ぬきあさりも塩水につけて汚《よご》れや砂をよく吐《は》かせましょう。調理の直前に塩水から引きあげて、両手でもみ洗いします。魚は塩水で洗うとぬめりや汚れがとれ、身がしまります。

答え…①

69 「乾物」基本のもどし方は

乾物《かんぶつ》はもどすといつでも使える便利で栄養価《えいようか》の高い食品です。では、基本のもどし方をさがしましょう。

①しいたけ。
②ひじき。
③わかめ。
④かんぴょう。
⑤切り干し大根。

Ⓐ水に三〇分くらい浸し、ざるに上げて流水でよく洗う。
Ⓑさっと洗って水に浸し、ふっくらしたらしぼる。
Ⓒ六〇度くらいの湯に砂糖をひとつまみ入れて浸し、芯《しん》までもどす。つけ汁も使う。
Ⓓ薄い塩水につけるときれいな緑色になる。
Ⓔ塩でもみ洗いした後、水で四〜五分ゆでて、ゆでこぼす。

■乾物には、食物繊維やミネラル、うまみ成分が凝縮《ぎょうしゅく》されています。骨を丈夫にするビタミンDは、特に豊富です。もどし方やもどし時間は品物によって異なるので、袋の表示に従いましょう。もどすと、切り干し大根は四〜五倍、ひじきは、五〜七倍の重さになるので、十分吸水できるようにたっぷりの水に浸しましょう。つけ汁を使うものは、水を加減《かげん》します。

答え…①—Ⓒ、②—Ⓐ、③—Ⓓ、④—Ⓔ、⑤—Ⓑ

70 「冷凍食品」三つの解凍法は

冷凍食品を解凍《かいとう》する方法は大きく分けると三つあります。では、合うのはどれでしょうか。

① ケーキ、塩ゆで枝豆など。
② 肉、さしみ、魚介《ぎょかい》など。
③ ごはん、パン、調理ずみ食品など。

Ⓐ 低温解凍（冷蔵庫のチルド室など）。
Ⓑ 急速解凍（直接調理する）。
Ⓒ 常温解凍（テーブルなどの上に置く）。

■ケーキや枝豆は、常温で解凍し、できるだけ早く食べます。ごはんやパン、シューマイ、いもなど澱粉質《でんぷんしつ》のものは、急速解凍すると澱粉が劣化《れっか》しないのでおいしく食べられます。野菜は凍ったまま調理します。肉や魚は、冷蔵庫に数時間入れて解凍するとドリップ（うまみやたん白質、ビタミンなどの液体）の流出が少なくなり、菌《きん》の繁殖《はんしょく》も防げます。

答え…①―Ⓒ、②―Ⓐ、③―Ⓑ

71 「キッチンのお助け」十番勝負（○×クイズ）

① 砂糖ツボのアリよけには輪ゴムをまく。（　）

② やかんの湯あかは洗剤でみがく。（　）

③ レンジの汚《よご》れはレモンの皮でとる。（　）

④ 水道の蛇口《じゃぐち》は金属タワシでみがく。（　）

⑤ 流しのにおい消しには濃い塩水を流す。（　）

① （○）アリはゴムの匂いが嫌い。庭の巣には洗剤液をかける。

② （×）塩水に酢をたらして口いっぱいにいれ、一晩おいて翌日ゆすぐと取れる。

③ （○）網《あみ》袋にレモンの皮をいれてこする。

④ （×）金属タワシでは傷がつく。練りはみがきを古歯ぶらしにつけてみがく。

⑤ （○）二〇～三〇％の濃い塩水をゆっくり流す。時々パイプの大掃除をする。

⑥ まな板についた生臭《なまぐさ》みは、熱湯《ねっとう》をかける。
（　）

⑦ オーブンのにおいはミカンの皮を焼く。
（　）

⑧ 生ゴミのにおいはコーヒーかすを入れる。
（　）

⑨ 油汚れは、油でとる。
（　）

⑩ こげた菜箸《さいばし》はけずって使う。
（　）

⑥（×）湯をかけると一層しみこむ。レモンなどの柑橘類《かんきつ》でこする。
⑦（○）こげない程度に焼くと香りが広がる。
⑧（○）コーヒーかすには脱臭《だっしゅう》効果がある。
⑨（○）天ぷら油を古布にしみこませてふく。タイルやステンレスもＯＫ。
⑩（○）長さがちがったらそろえて切り、サンドペーパーでみがくとよい。

72 「茶わん蒸し」なめらかに蒸す火かげんは

茶わん蒸しは、卵一個に対し、スープ一五〇ccと具を加えると固まります。では、スがたたないように蒸す火かげんは左のうちの何番でしょうか。

① 強火《つよび》で二分、弱火にして一五分。
② 中火《ちゅうび》で一〇分。
③ 弱火《よわび》で二〇分以上。

■卵とスープ（吸い物味に調味して冷ました汁）をこし器でこしてなめらかにします。蒸す調理は臭いがこもるので、新鮮な香りのよい材料を小さく切って具にします。火の通りにくいものから入れて表面に色のよいものを見せ、卵液を加えます。十分蒸気が出ている蒸し器に入れ、強火で二分蒸して卵液を固め、弱火（八〇℃以下）にして一五分ほど蒸しましょう。

答え…①

73 「とり肉のしょうゆ蒸し」蒸し器のかわりに使う道具は

とり肉のしょうゆ蒸しを、蒸し器を使わないで作りましょう。
では、代わりに使う道具は何でしょうか。

① 鍋《なべ》と耐熱《たいねつ》皿。
② 鍋とざる。
③ 鍋とフライパン。

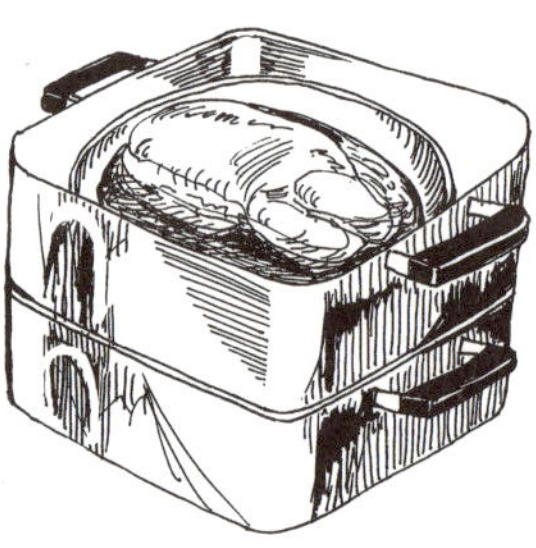

■鍋と深めの耐熱皿《たいねつざら》を使います。作り方は、まずとりもも肉の皮にフォークで穴をあけ、味をしみやすくします。皮を下にして皿にいれ、蒸し汁（酒、しょうゆ、みりんを同量ずつと砂糖）と薄切《うすぎ》りしょうがを入れ、アルミ箔《はく》をかぶせます。鍋にいれて、皿の1/3の深さまで水をはり、ふた（ふきんで包む）をして強火で蒸します。途中で裏返して蒸し、冷めるまでおきます。

答え…①

74

「水からゆでる」それはどんなもの

ホウレンソウなどいろいろなものをゆでますね。さて、水からゆでるのはどれでしょうか。

① 根のもの（ジャガイモ、サツマイモ、コンニャクなど）。
② 葉のもの（ホウレンソウ、チンゲンサイ、ブロッコリーなど）。
③ 実のもの（トウモロコシ、米、うどんなど）。

■ゆでる目的は、食品のアクや臭《くさ》みをとる、色を鮮《あざ》やかにして保つ、やわらかくする、たんぱく質をかためる、殺菌《さっきん》するなどです。土の中にできる根菜類は水からゆでます。中までゆっくり熱を伝えるためです。葉野菜《はやさい》は、沸騰《ふっとう》した湯に、塩ひとつまみ、サラダ油少々を加えてゆでると色がよく仕上がり、栄養素が残ります。③の果菜や穀類は、葉野菜と同じです。

答え…①

75 「ゆでる」プラスαの効果は

次の①～⑤の調味料や素材を加えるとゆであがりがおいしくなります。では、Ⓐ～Ⓔのどれに使うとよいでしょうか。組み合わせて考えてみましょう。

① 塩。
② 油。
③ 酢《す》。
④ 香味《こうみ》野菜（ねぎ、しょうがなど）。
⑤ 米ヌカ。

Ⓐ ごぼう、レンコン。
Ⓑ 中国野菜、青菜類、パスタ。
Ⓒ 青菜類、アスパラ、ブロッコリー、ジャガイモ。
Ⓓ タケノコ、豚バラ肉。
Ⓔ レバー、砂肝《すなぎも》。

■塩を加えると色鮮やかになり、塩味がつきます。油は、ゆで汁の温度を上げ、つやをよくします。酢は、アクをぬき、白く仕上げます。香味野菜は、臭《くさ》みを取ります。米ヌカは、アクやえぐみを取り、余分な脂肪《しぼう》を除きます。タケノコは、二本に対し、水一・五ℓ、米ヌカ二カップ、唐辛子《とうがらし》二本の割合で水からゆで、ゆで汁ごと完全に冷まして、皮をむいて使います。

答え…①－Ⓒ、②－Ⓑ、③－Ⓐ、④－Ⓔ、⑤－Ⓓ

76 「ゆで卵」名人の方法は

白くて傷のないゆで卵。上手にむけると気持ちがいいですね。さて、上手に作る方法は何でしょうか。

① 冷蔵庫から出してすぐ熱湯に入れる。
② ぐるぐる回してからぬるま湯に入れる。
③ 室温にして水からゆでる。

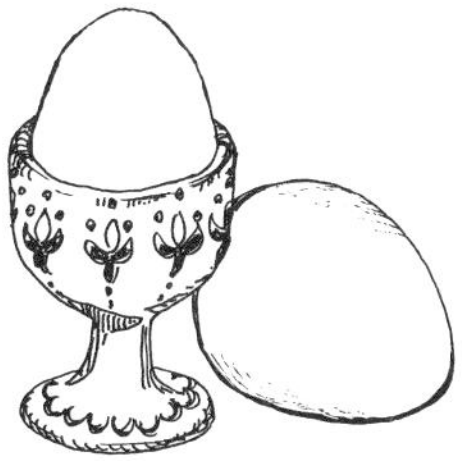

■冷たい卵をゆでると均一に膨張《ぼうちょう》せず、割《わ》れる原因になるので少し間をおいて水からゆでます。酢と塩を入れてゆでると小さなひびなら固まります。湯が沸騰する直前まで鍋の中でころがしていると白身が固まるにつれて黄身がまん中にきます。二分沸騰させて冷めるまで置くと固ゆで卵になります。好みの固さにするには、水につけて余熱を冷ましましょう。

答え…③

77 「枝豆」香りを残すワザとは

枝豆の塩ゆではおやつやビールのおつまみに合いますね。では、香りよく仕上げるには、ゆでた後どうしますか。

① 水につける。

② 広げて風をあてる。

③ 自然に冷ます。

■水につけると香りがぬけるので、ざるなどに広げ、余熱《よねつ》で火が通りすぎないように、うちわなどであおいで冷まします。この時、一粒《つぶ》食べてみて塩味《しおあじ》を調節します。
枝豆の塩ゆでは、茎《くき》を少し残してハサミで切り取り、水洗いしてざるにあげ、塩を多目《おおめ》にまぶします。たっぷりの湯に塩ごと入れ、四～五分ゆでます。ゆですぎないようにするとおいしくできます。実が大きくふくらんだ八月中旬以後の枝豆は、サヤの両端を切ります。

答え…②

78 「蒸しもの」達人のワザは

蒸す温度は材料によってかえると、見た目も味もよくなります。では、材料と温度を線で結びましょう。

① 卵が入ったもの（茶わん蒸し、プリンなど）。
② 澱粉《でんぷん》の多いもの（サツマイモ、ジャガイモなど）。
③ 加熱ずみのもの（あんまん、肉まんなど）。

Ⓐ 一〇〇℃
Ⓑ 八〇℃
Ⓒ 五〇〜六〇℃

■プリンや茶わん蒸しは、最高八〇℃までの温度で蒸します。こうすると卵にスがたちません。サツマイモは大きく切って、中心まで低温でゆっくり熱を通すと甘《あま》くなります。あんまん、肉まんは、沸騰して十分蒸気がたちこめている中にいれて蒸します。どれも、ふたの水《すい》滴《てき》が落ちないように、乾《かわ》いたふきんをピンとはって、鍋とふたのあいだにはさみましょう。

答え…①―Ⓑ、②―Ⓒ、③―Ⓐ

漬ける

79 「甘酢しょうが」つくり方のポイントは

甘酢《あまず》しょうがを手作りして食卓にのせましょう。では、作り方のポイントは何でしょうか。

① **甘酢で煮つめる。**
② **甘酢につけるだけにする。**
③ **甘酢でひと煮たちさせる。**

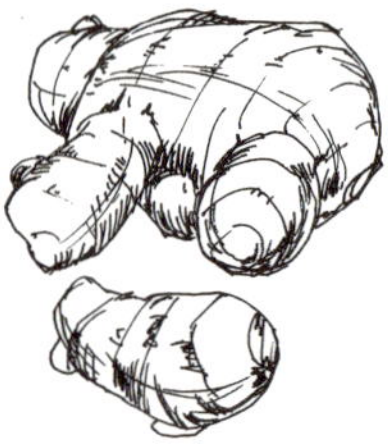

■作り方は、ひねしょうが四個の皮をむいて、繊維《せんい》にそって薄《うす》く切ります。鍋に水½カップ、砂糖½カップ、塩小さじ二、酢一・五カップをいれて火にかけ、しょうがを加えてひと煮たちさせます。煮すぎないのがポイントです。そのまま冷まして密閉容器にいれます。新しょうがや谷中（葉つき）しょうがなら、②の方法で作れます。カビやすいので冷蔵庫で保存し、早く食べましょう。

答え…②、③

80 「ニンニクのみそづけ」ニンニクの旬はいつ

疲労《ひろう》回復には、ニンニクが効きますね。旬《しゅん》の時期にみそづけにしましょう。では、ニンニクの旬はいつでしょうか。

① 春。
② 夏。
③ 秋。

■初夏から夏がニンニクの旬です。しっかりかたいニンニク五〇〇gの皮をむいて洗い、水《み》《ず》気《け》をふきます。みそ五〇〇g、砂糖二〇〇g、みりん〇・五カップをまぜて容器の底にぬり、ニンニクを並べます。みそ、ニンニクとくりかえし、最後にニンニクが顔を出さないようにみそをかぶせてならします。食べ頃は一か月後（少し辛《から》い）から一年くらいまでです。

答え…②

81 「梅シロップづけ」最適な梅は

子どもやアルコールに弱い人にもむく夏の健康飲料です。
では、どんな梅《うめ》で作るとよいでしょうか。

① **黄色く熟した梅。**
② **青くて果肉《かにく》のしっかりした梅《うめ》。**
③ **傷がついている梅でもよい。**

■青梅《あおうめ》一kgを一晩水につけてアクをぬき、ヘタを取って一粒ずつ水気をふきます。竹ぐしなどで梅にプツプツ穴をあけ、ビンにグラニュー糖、梅、グラニュー糖、梅と交互《こうご》につめます。最後にグラニュー糖をたっぷりかぶせ、冷暗所《れいあんしょ》で静かに二カ月保存します。グラニュー糖は梅の八割くらい使います。梅はしわがよったら、取り出してジャムにします。シロップは水で好みの濃さに薄めて、氷を浮かべて飲みましょう。

答え…②

82 「ラッキョウのハチミツづけ」塩ラッキョウの塩ぬき方法は

塩ラッキョウ（市販《しはん》）でハチミツづけを作りましょう。では、塩をぬく方法はどれでしょうか。

① 湯で洗う。
② 水につける。
③ 酢《す》を加えた塩水につける。

■塩ぬきは、薄い塩水に酢少々を加えた中に二〜三時間つけます。ハチミツづけは、ラッキョウをビンにいれ、ハチミツをひたひたに注いで完成。みそづけは、みそ一〇〇gに砂糖¼カップをねりまぜて、ビンに交互《こうご》につめ、表面にみそをかぶせます。しょうゆづけは、しょうゆと酒を三対一の割合でまぜてつけます。どれも冷蔵庫に保管し、二週間後から食卓へ。

答え…③

83 「花酒」どんなお酒なの

花酒は、色と香りのよいお酒です。さあ、どんなお酒でしょうか。

① **お花見のときに飲む花見酒。**

② **花を漬《つ》けこんで、花の香りをうつしたお酒。**

③ **お祝いのときに出される祝い酒。**

■花酒は、花と焼酎《しょうちゅう》（ホワイトリカー三五度）、氷砂糖で作るお酒です。八分咲きの八重桜の花とつぼみを柄つきのまま洗って水気をとり、半日程陰干《かげぼ》しにし、ガーゼの二重袋につめます。保存ビンに入れ、花の重さの¼の氷砂糖をのせ、焼酎をかぶるくらい注ぎます。冷暗所におき、二か月後に袋を出し、さらに三カ月して飲みます。他に、沈丁花《じんちょうげ》、くちなし、きんもくせいなどもできます。

答え…②

84 「緑茶」カテキンパワーをむだなく吸収するには

緑茶《りょくちゃ》に含まれるカテキンは、ガン予防効果が期待されています。では、むだなく吸収する方法は次のどれがよいでしょうか。

① 葉を全部食べる。

② 熱湯で煮《に》出《だ》す。

③ 水でゆっくりいれる。

■茶殻《ちゃがら》を干《ほ》して花がつおやゴマ、タラコなどと炒《い》るとふりかけができます。天ぷらの衣にまぜると香ばしくなります。つくだ煮は、しぼった茶殻をちりめん、塩こんぶなどと炒り煮して、ゆかりなどをまぜて作ります。茶葉をパウダー状の粉末にして、茶わんに入れて湯を注ぐと残さず飲めます。ごはんに炊《た》きこむと茶の香りがほのかに残ります。

答え…①

85 ●●● 「ハチミツ」酵素パワーのはたらきは

ハチミツはミツバチが集めた花の蜜《みつ》から作られます。では、ハチミツにはどんなはたらきがあるのでしょうか。

① 煮魚《にざかな》の臭《くさ》みをやわらげる。

② ごはんをおいしくする。

③ 牛乳の消化吸収をよくする。

■ハチミツはハチの体内で花の蜜（糖分）が酵素によりブドウ糖と果糖の単糖類に分解され、作られたものです。花の種類によって色や香り、味がちがいます。鉄、カルシウム、ビタミンB群が含まれ、ビタミンB_2は、澱粉《でんぷん》（糖質）やたん白質の消化を助け、脂肪《しぼう》を分解します。このはたらきが料理の味をよくするのです。煮魚《にざかな》は煮汁《にじる》に、ごはんは水に茶さじ一杯加えましょう。ただし一歳未満の赤ちゃんには与えないようにします。

答え…①、②、③

86

「納豆」キナーゼパワーを生かすには

納豆キナーゼは、納豆にしかない酵素《こうそ》です。では、酵素を活発にする食べ方はどれでしょうか。

① **梅干しを入れる。**
② **よくかきまぜる。**
③ **熱を加える。**

■納豆は、煮《に》た大豆を納豆菌で発酵《はっこう》させて作ります。納豆菌が消化酵素《こうそ》を出すので消化によい食べ物です。また、大豆よりもビタミンB群が多く、納豆キナーゼも含んでいます。ビタミンB群は、口内炎《こうないえん》や集中力の低下防止などに効き、納豆キナーゼは制ガン作用や血液サラサラ効果があります。糸に含まれるので、しっかりまぜて糸をだしましょう。揚《あ》げものや汁ものなど、加熱調理でパワーアップします。

答え…①、②、③

87 「玉ねぎ」アリルパワーを出す方法は

玉ねぎにも納豆キナーゼと同様、血液をサラサラにするパワーがあります。さて、パワーを生かす方法はどれでしょう。

① 食べたら横になる。

② 切ったら一五分空気にさらす。

③ 湯にとおす。

■玉ねぎの辛《から》みと香りのもとである硫化《りゅうか》アリルは神経《しんけい》疲労《ひろう》と不眠《ふみん》に効くので、夕食に生で食べるのがおすすめです。硫化アリルは水溶性《すいようせい》なので、栄養をとるならスライスして空気にさらします。万能ドレッシングは酢《す》、サラダ油を各¾カップ、しょうゆ、酒、みりん各½カップ、砂糖大さじ一、塩小さじ一、玉ねぎのスライス二個分を広口《ひろくち》ビンに入れて冷蔵庫で一晩ねかせます。ドレッシングは四、五日で使いきりましょう。

答え…②

88 「牛乳」調理に役立つパワーは

牛乳は手軽に飲める健康飲料です。では、調理に使うとどんなパワーを持つのでしょうか。

① **風味《ふうみ》をよくし、コクをだす。**
② **こげ目《め》をつける。**
③ **臭《くさ》みをとる。**
④ **白く仕上げる。**
⑤ **卵のたん白質をなめらかにかためる。**

■牛乳には成長や骨量維持《こつりょういじ》に欠かせないカルシウムが、一〇〇cc中、一〇〇㎎含まれます。しかも吸収率《きゅうしゅうりつ》は四〇~七〇%です。ビタミン類は動脈硬化《どうみゃくこうか》や白内障《はくないしょう》の予防《よぼう》に役立ちます。調理では、カレーやシチューなどのコクを出し、パンケーキなどのこげ目つけ、魚の臭みとり、アンニン豆腐の白、卵焼きのふんわり仕上げなどいろいろな調理に活躍します。

答え…①、②、③、④、⑤

89 「ゴマ」Eパワーを生かす食べ方は

ゴマはカルシウム、リン、鉄、ビタミンE、食物繊維《しょくもつせんい》などを含んでいます。アリババは、ゴマパワーを信じて「開けゴマ」といいました。では、効率よく栄養素をとる方法はどれでしょうか。

① **切る。**
② **炒《い》る。**
③ **生《なま》のまま。**

■ゴマは生のままでは消化が悪いので、炒《い》りゴマか切りゴマにしましょう。炒りすぎると苦みが出るので注意します。乾いた鍋にゴマをいれ、弱火にかけ、香りがたってきたら火を止めます。すりゴマにするときは熱いうちにすり鉢《ばち》ですります。切りゴマは、乾《かわ》いたまな板の上で包丁《ほうちょう》の上からふきんをかぶせて刻みます。ゴマに含まれているビタミンEは、老化防《ろうかぼう》止《し》、白髪《しらが》予防《よぼう》に役立ちます。

答え…①、②

90 「六大栄養素」十番勝負

次の①～⑥のグループの食品はかっこ内の栄養素を含んでいます。その栄養素のはたらきをⒶ～Ⓒの３つの中からそれぞれ選んでください。⑦～⑩は○×クイズです。

① 肉、魚、卵、大豆製品（たん白質）。（　）

② 油脂、種、実（脂質）。（　）

③ 野菜・果物（ビタミンC・ミネラル）。（　）

④ 米・パン・麺《めん》・いも類（炭水化物）。（　）

⑤ 牛乳・乳製品・小魚・海藻《かいそう》（カルシウム）。（　）

⑥ 緑黄色野菜（カロテン）。（　）

Ⓐ 力や体温のもとになる。

Ⓑ 血や肉や骨をつくる。

Ⓒ からだの調子を整える。

答え…①―Ⓑ、②―Ⓐ、③―Ⓒ、④―Ⓐ、⑤―Ⓑ、⑥―Ⓒ

⑦ 六つの食品群からバランスよく食材を選ぶとよい。（　）

⑧ 野菜や果物などの色や苦み、渋《しぶ》みなどは、栄養素ではない。（　）

⑨ ダイエット中の人は、カロリーの少ない野菜中心の食事をするとよい。（　）

⑩ 毎食おいしく食べていると栄養失調にはならない。（　）

⑦（○）健康を維持するには、六つの栄養素が必要！　でも一つの食品の中にすべてが含まれているわけではないので、いろいろ組み合わせて、一日三〇品目を目安にとるとよい。

⑧（×）ポリフェノールという成分。カテキン、タンニン、アントシアニン、イソフラボンなどたくさんの種類があり、免疫《めんえき》力を高めるはたらきがある。

⑨（×）栄養がかたよると細胞のはたらきが悪くなり、体だけではなく心のバランスもくずれるので、一日三食バランスよく食べる必要がある。

⑩（×）鉄分や亜鉛《あえん》、カルシウムが不足するとスプーン状の爪《つめ》、耳鳴り、めまいを起こすことがある。バランスが大切。

おやつ

91 「白玉だんご」こねるかたさはどのくらい

白玉《しらたま》だんごは、きめの細《こま》かさと、ツルンとした食感《しょっかん》がいいですね。では、白玉粉《しらたまこ》のこね具合はどれがよいでしょうか。

① **耳たぶより少しやわらかめ。**
② **耳たぶくらい。**
③ **耳たぶより少しかため。**

■耳たぶより少しやわらかめを目安にしましょう。粉一カップに水3/4カップを用意し、少しずつ加えながらこね、棒状《ぼうじょう》にのばして切り分けます。丸めて中心をくぼませると、火の通りがよくなります。熱湯にサラダ油少々を加えてゆで、浮いたものから一呼吸おいて取り出し氷水に入れます。水気をきって、黒みつやあんこ、きなこ、ゴマなどをかけておやつに。

答え…①

92 「あずきあん」砂糖の分量はどのくらい

あずきのあんこを作ってみましょう。では、砂糖はどのくらい入れるのでしょうか。

① 多いほどよい。
② 少ないほどよい。
③ 好きなだけ入れればよい。

■あずきは水を吸いやすいので、洗ってすぐゆでます。沸騰《ふっとう》したらざるにあげ、ゆで汁（アク）を捨て、五倍の水を加えてごく弱火で一時間半程煮ます。煮えたら砂糖を二〜三回に分けて入れ、塩少々とみりんを加えて、つやを出します。砂糖はビタミンを消失させるので少なめにしましょう。かきまぜないで静かに煮つめます。こがさないよう、水加減に注意しましょう。

答え…②

93

「焼きりんご」おいしくできるりんごの種類は

焼きりんごは、かわいらしさと香りが受けますね。では、どんなりんごで作るとよいでしょうか。

① **サン・フジ種《しゅ》。**

② **ジョナゴールド種。**

③ **紅玉《こうぎょく》種。**

■色が濃く（真紅）、酸味が強く、小ぶりな紅玉種が合います。紅玉は出回《でまわ》る時期が短いので、見かけたらすぐ買い求めましょう。りんごの芯《しん》をくりぬき、干しブドウ（ワインでもどす）、砂糖、バターを交互につめ、最後にバターをのせます。りんごの$\frac{1}{3}$の高さまでシロップをはり、一八〇℃に熱したオーブン（鍋《なべ》）で焼きます。鍋の場合は煮る感じになります。

答え…③

94 「具入りホットケーキ」焼くときの火かげんは

ホットケーキに具を入れると、栄養バランスがよくなります。では、焼くときの火かげんはどれがよいでしょうか。

① ふたをして中火で焼く。
② ふたをして、ごく弱火で焼く。
③ ふたをしないで強火で焼く。

■市販の粉を使いましょう。具はミックスベジタブルとサケ缶や、サツマイモとリンゴなど好みのものを用意します。火の通りにくい具は小さく切り、電子レンジで半分ほど加熱しておきます。具と粉を水や牛乳、ヨーグルトなどでといて焼きます。鍋は、厚手《あつで》のものを使い、ふたをして蒸し焼きにします。表面に穴があいてまわりが固まったら返して焼きましょう。

答え…②

95

「りんごのコンポート」作る手順は

甘みの少ないりんごやきずついたりんごはコンポートにしましょう。では、どんな手順でつくるとよいでしょうか。

① **汁ごと冷ます。**
② **レモン汁をかける。**
③ **芯をとり、皮をむく。**
④ **ひたひたの水、グラニュー糖（砂糖）、レモン汁、ワイン少量を加えて煮る。**

■コンポートは、果物《くだもの》を甘いシロップ、ワイン、シナモンなどで煮たものです。洋なし、イチジク、ビワなどでも色のきれいなコンポートができます。ノーワックスの果物なら皮ごと使いましょう。中火か弱火でことこと煮て、竹ぐしがすっと通ればできあがりです。汁ごと冷ますので、酸に強いホウロウかステンレス鍋にします。冷たくしてミントの葉を飾ります。アイスクリームをのせてもOK。

答え…③－②－④－①

96

「ぐにゅぐにゅグミ」ぐにゅぐにゅのもとは

ぐにゅぐにゅグミを作って友達をびっくりさせましょう。では、固めるのは何でしょうか。

① 粉《こな》ゼラチン。
② 片栗粉《かたくりこ》。
③ 寒天《かんてん》。

■粉ゼラチンで固めます。作り方は、トマトジュース、にんじんジュース、モロヘイヤジュースなどを各〇・五カップ用意します。それぞれに粉ゼラチン二〇gをまぜ、ラップをしないで電子レンジで三〇秒加熱します。各々にレモン汁大さじ二、ハチミツ大さじ三をまぜて再び三〇秒加熱します。二分おいて泡をすくい、型に流して冷蔵庫で固めて完成です。

答え……①

97

●●●「スイカのトロピカルパンチ」かくし味に入れるのは

夏らしくスイカのトロピカルパンチを作りましょう。では、味をよくするのは何でしょうか。

① 塩。
② ワイン。
③ レモン汁。

■レモンに含まれるクエン酸《さん》は果物《くだもの》の酸化《さんか》を防ぎ、味や香りをよくします。スイカは横に切り、中をくりぬいて器にします。スイカ、キウイ、リンゴ、バナナ、メロンなども切ってレモン汁をふります。ミカンや黄桃《おうとう》の缶詰を使うとシロップも利用できます。スイカの器にフルーツ、シロップ、炭酸水、赤ワイン、レモン汁、かくし味に塩少々を入れて完成。

答え…①、②、③

98 「ココア」コクを出すコツはなに

ココアは亜鉛《あえん》を多く含み、味覚障害《みかくしょうがい》の原因となる亜鉛不足をカバーします。では、コクを出す方法はどれでしょうか。

① 熱湯をいっきに注ぐ。
② 熱湯で練る。
③ 水から煮《に》る。

■ココアは水から煮て、味がつかない程度の塩を加えると、味がひきしまり、コクが出ます。鍋《なべ》にココアと水、少量の砂糖（好み）を入れ、木べらでかきまぜながら煮とかします。このとき塩を加えます。ココアがなめらかにとけたら牛乳を加え、火からおろす際にバニラエッセンスを少々ふり入れ、生クリームを加えます。生クリームを泡立てるとゴージャスです。亜鉛を多く含む食品は、他に抹茶《まっちゃ》、玄米茶《げんまいちゃ》、カシューナッツ、炒《い》りゴマ、牡蠣《かき》などがあります。

答え…③

99 「ドライフルーツ煮」味をよくするものは

ドライフルーツのジャムは手軽に作れます。ヨーグルトにかけておやつにしましょう。では、味をよくするために加えるのは何でしょうか。

① **レモンのしぼり汁。**
② **セロリのせん切り。**
③ **白ワイン。**

■プルーン、アンズ、ブルーベリーなどで作ります。フルーツは、砂糖とワインを少量入れたぬるま湯につけます。水が少なくなったらたし、指でつぶせる程になったら、つけ汁ごとホウロウかステンレスの鍋にいれ、弱火で煮ます。こげないように木べらで鍋底からまぜ、レモン汁を加え、アクをとりましょう。裏ごしするとなめらかになります。

答え…①、③

100 ●●● 「干し柿」渋みはどうなったの

干し柿は渋《しぶ》柿で作りますが、とても甘《あま》いですね。では、渋みはどうなったのでしょうか。

① **柿の中に残っている。**
② **紫外線《しがいせん》にあたって甘みに変化した。**
③ **風にさらされて風化した。**

■渋みのシブオールは、干《ほ》すとだ液にとけなくなり、柿の中に残っていても渋みを感じません。干し柿の作り方は、皮をむいた渋柿を風通しのよい軒下《のきした》につるし、三週間したらもんで、二～三日後に再びもみ、さらに二～三日干します。カビ防止には、たっぷりの熱湯にひもで結んだ柿をさっとくぐらせて湯通《ゆどお》しします。渋ぬき法は、りんごと一緒に密閉する、厚紙《あつがみ》で密閉して数日おく、ヘタをくりぬいて白ワインを注ぐなど、いろいろあります。

答え…①

101 「残りもので簡単おやつ」十番勝負（○×クイズ）

① かたくなったおまんじゅうはおしるこにする。（　）

② 残ったカステラは、サバランにする。（　）

③ 残った氷砂糖はアリにやる。（　）

④ かたくなったパンは、フレンチトーストにする。（　）

⑤ 湿《しめ》ったビスケットはフライパンで炒《い》る。（　）

① （○）熱湯につけて三分待つ。汁を少なくしてくずしながら食べる。

② （○）水と砂糖を煮立て、ラム酒かウイスキーを入れ、カステラを浸す。

③ （×）ふたつきビンに入れ、湯ざましを同量加えてとかすと、ガムシロップになる。

④ （○）おろし金でおろして冷凍すると、パン粉になる。

⑤ （○）フライパンで炒《い》り、冷めるまでおく。電子レンジで加熱してもよい。

⑥ 残ったバナナはアイスバナナにする。（　）

⑦ 残ったフライの衣は捨てる。（　）

⑧ 残った紅茶は捨てる。（　）

⑨ かたくなったもちは蒸す。（　）

⑩ 残ったギョーザの皮は食べられない。（　）

⑥（○）むいてレモン汁をふりかけ、ラップに包んで冷凍《れいとう》する。割り箸《ばし》を刺《さ》すともちやすい。

⑦（×）溶《と》き卵、小麦粉、パン粉を全部合わせて、砂糖、粉チーズ、ベーキングパウダーを加え、小麦粉をたして耳たぶより少しかためにこねて、揚《あ》げたり焼いたりする。

⑧（×）製氷皿に入れて冷凍する。アイスティに入れると水っぽくならずに飲める。コーヒーも同じ。凍《こお》ったら他の容器に移しておく。

⑨（○）蒸す、または電子レンジで加熱する。完全に乾燥《かんそう》させて揚げるとあられができる。

⑩（×）チーズ、きんぴら、ゆでた青菜《あおな》などいろいろ包んで揚げる。

102 「果物」冷やすと甘みはどうなる

果物《くだもの》は冷やして食べますね。冷やすと甘《あま》みはどうなるのでしょうか。

① 強くなる。
② 変化しない。
③ 弱くなる。

■果物の甘みは主に果糖、ブドウ糖です。この二つには、それぞれα《アルファ》型とβ《ベータ》型があり、果物を冷やすとα型が減り、β型がふえます。β型はα型の三倍の甘味があるので、柿やブドウなどの果物を冷やして食べるとより甘く感じるのです。逆にあたためるとβ型よりα型が多くなり、水素《すいそ》イオンも多くなって酸っぱさを感じます。おいしい温度に冷やしましょう。

答え…①

103 「器を冷やす」その効果は

容器を冷やして盛《も》りつける料理があります。では、冷やすとよいわけは何でしょうか。

① 刺《さ》し身・あらいなど。
② ワイン・ジュースなど。
③ 冷製《れいせい》パスタ・冷やし中華《ちゅうか》など。
④ マヨネーズサラダ・ドレッシングなど。

Ⓐ 酸化《さんか》をおさえる。
Ⓑ 分離《ぶんり》をおさえる。
Ⓒ 酵素《こうそ》のはたらきをおさえる。
Ⓓ 加熱が続くのをおさえる。

■では温度が高いとどうなるのかを見ましょう。刺し身は、筋肉内《きんにくない》のたん白質が分解され、やわらかくなり、生臭《なまぐさ》みが出ます。ワインやジュースは、ポリフェノールやアントシアンが酸化して渋《しぶ》みが出ます。冷製パスタ・冷やし中華は麺《めん》がのび、もちもちとした食感が失われてしまいます。マヨネーズやドレッシングは、酢《す》と油が分離して、別々に材料にしみこんだり、浸透圧《しんとうあつ》で水気が引き出されてくたっとなります。冷やすと新鮮な味が長く続きます。

答え…①—Ⓒ、②—Ⓐ、③—Ⓓ、④—Ⓑ

104 ●●● 「温度」食べごろはいつ

熱すぎるお茶、ぬるいおみそ汁…。ちょっと残念ですね。では、食べ頃の温度をさがしましょう。

① アイスクリーム。

② 果物、ジュース、ビールなど。

③ ごはん、みそ汁、茶、天ぷらなど。

Ⓐ 一〇～一六℃くらい。

Ⓑ 六〇～七〇℃くらい。

Ⓒ マイナス六℃くらい。

■食べ物をおいしく感じる温度は、アイスクリームなどの氷菓子《こおりがし》を別にすると、体温を中心にプラス・マイナス二五～三〇℃といわれます。日本のビールは一〇℃前後でちょうどよく泡が出るように調節されているそうです。ごはんはむらしが終わったときの温度にあたります。お茶やみそ汁の食べ頃は、液体の対流が一段落して温度が均一になった状態なのです。

答え…①—Ⓒ、②—Ⓐ、③—Ⓑ

105 「くだものの栄養」十番勝負（○×クイズ）

①　ビタミンCは、ミカンより柿のほうが多い。　（　）

②　アボカドは果肉《かにく》の二〇％が脂肪《しぼう》である。　（　）

③　バナナはフリッターにするとエネルギーが高くなる。　（　）

④　パイナップルは葉を上にしておく。　（　）

⑤　キウイは毎日食べると多すぎる。　（　）

①（○）甘柿《あまがき》にはミカンの二倍のビタミンCが含まれる。

②（○）脂肪でも、そのうちの八〇％がリノール酸やオレイン酸。コレステロールを下げる。

③（○）ホットケーキミックスの粉をつけてあげると軽食にもなる。

④（×）葉の近くは甘みが薄いので、葉を下にしておくと甘みが回る。

⑤（×）食物繊維《せんい》、ペクチンが多いので朝食前に食べると便秘によい。

⑥ プルーンは果物の中では栄養価が低い。（　）

⑦ スイカには利尿《りにょう》作用、血圧低下作用があり、むくみがとれる。（　）

⑧ レモンはカゼの予防や肌によい。（　）

⑨ りんごは一日一個食べるとよい。（　）

⑩ ブルーベリーは目の機能を高める。（　）

⑥（×）ミラクルフルーツ（奇跡の果物）といわれる。鉄、カロテンなど豊富。

⑦（〇）体を冷やす作用もあり、熱をおさえ、口の乾《かわ》きをしずめる。

⑧（〇）ホットジュースでかぜ予防。皮を袋につめて入浴剤に。お肌ピカピカ。

⑨（〇）腸内の乳酸菌をふやす。ペクチンは皮のそばに多い。

⑩（〇）アントシアンが視力低下を防ぎ、暗やみに早く慣れる。

著者紹介

朝倉貞子
山梨大学教育学部教育科学科卒業
元・練馬区立中村西小学校教諭
〈著書〉
『子どもと一緒に楽しむなぞなぞ・学習クイズ』
『準備のいらない学習ゲーム』
『しつけ上手になるためのマナー＆生活習慣クイズ 111』
『スクール・ガーデニング＆フィーディング〈学校の栽培・飼育活動〉』
『知っているときっと役に立つ食べ物クイズ 110』（以上，黎明書房）

＊イラスト：矢野かおり

知《し》っているときっと料理《りょうり》がうまくなるクッキングクイズ 105

2004年9月15日　初版発行

著　者　朝《あさ》 倉《くら》 貞《さだ》 子《こ》
発行者　武 馬 久仁裕
印　刷　株式会社 一誠社
製　本　協栄製本工業株式会社

発 行 所　株式会社　黎《れい》 明《めい》 書《しょ》 房《ぼう》
〒460-0002 名古屋市中区丸の内3-6-27　EBSビル
☎052-962-3045　FAX052-951-9065　振替・00880-1-59001
〒101-0051 東京連絡所・千代田区神田神保町1-32-2
南部ビル302号　☎03-3268-3470

落丁本・乱丁本はお取替します。　ISBN4-654-01740-2